メンテナンス ログブック

_____

母港 _____

開始日 _____

完了日 _____

メンテナンス ログブック

マリンディーゼルシングルエンジン搭載

著作とイラストはDennison Berwick（デニソン・バーウィック）氏による
翻訳は村瀬　駿(むらせ　すすむ)氏による。

Marine Diesel Basics　シリーズの姉妹書

第1版 2023年

ペーパーバック	メンテナンス ログブック - シングルエンジン	ISBN 978-1-990755-25-5
	メンテナンス ログブック - ツインエンジン	ISBN 978-1-990755-19-4
ハードカバー	メンテナンス ログブック - シングルエンジン	ISBN 978-1-990755-27-9
	メンテナンス ログブック - ツインエンジン	ISBN 978-1-990755-23-1
スパイラル製本	メンテナンス ログブック - シングルエンジン	ISBN 978-1-990755-28-6
	メンテナンス ログブック - ツインエンジン	ISBN 978-1-990755-24-8

iPadおよびタブレットで入手可能なMaintenance eLogbook（「書き込み形式」pdf版） − www.marinedieselbasics.com（英語版のみ）からクリックして編集してください。

免責事項:

本書のすべての情報が正確であることを確認し、再確認するために、細心の注意を払いました。ただし、船舶の種類や年数によって、機器デザインやモデル、設置や状態は大きく異なります。著者および発行者は、本書の情報またはアドバイスに基づいて、またはそれらに触発されて取られた行動に起因する人身傷害、物的損害、またはその他のあらゆる種類の損失について、一切の責任を負いません。作業を開始する前に、機器と手順を確実に理解しておいてください。不明な場合は、専門の船舶整備士にお問い合わせください。本書を使用することは、この免責事項に同意したことを意味します。

謝辞

Arie Agniyadis、*Mark Bryant*、*Peter Jarrett*、*Denbigh Patton*、*Simone Pertuiset*、*Michele Pippen*、*Andy Robinson*各位をはじめとする、この*Maintenance Logbook*のすべての資料のデザイン、作成、検証に協力していただいたすべての方々に心から厚くお礼申し上げます。綿密な翻訳に努力された村瀬　駿氏に感謝いたします。

そして、*Ed Hill* (エドヒル)提督とタンザニアのタンガヨットクラブのメンバーとスタッフの歓迎とおもてなしに心から厚くお礼申し上げます。

Dennison Berwick

Copyright © 2020 - 2023 Dennison Berwick

無断転載を禁止します。　論評における短い引用を除いて、発行元の事前の書面による許可なしで、写真複写、録音、またはその他の電子的または機械的方法を含む、任意の形式または任意の手段で、この出版物のいかなる部分も、複製、配布、または送信することはできません。許可のリクエストについては、発行元にお問い合わせください。

Voyage Press
7B Pleasant Boulevard, Unit #1045
Toronto, Ontario Canada M4T 1K2

www.marinedieselbasics.com

この Logbook は以下の姉妹書

Marine Diesel Basics 1

第2版

基本的なメンテナンス（保守・整備）、レイアップ（航行休止）、リコミッション（再就航）作業のすべてを完成させる方法を示しています。

- 350枚以上の簡単で明瞭な図面
- 64項目のメンテナンス作業
- 66項目の冬期装備/レイアップ作業
- 53項目のリコミッション作業
- 222項目
- 完全な索引
- ペーパーバック、ハードカバー、スパイラル製本、eブック
- US$17.99ペーパーバック、$11.99　eブック
- 9,000部以上販売

「……. このテーマに関して私が今まで見てきた中で最高のガイド、この本はディーゼル装備のすべてのボートに備えるべきです。」
Sail Magazine

「……. その指示がシンプルで ビジュアルであるため、エンジンルームでもっと手で触って直接作業をしたいと思っている人にとって大きな資産です……そのイラストが明瞭であるためディーゼルエンジンの初心者にとっても不可欠な資料です……私は強くお勧めします。」
Good Old Boat

「著者の優れたイラスト（300図以上）によりテキストは非常に理解し易いです。定期メンテナンス、トラブルシューティング、レイアップ、リコミッショニングのすべてのステップがカバーされています。 私は特にこの本の構成が気に入っています「……. 大いに推奨されます。」
Australian Sailing

オンラインおよび書店で入手可能です
- 航海海事関係書店
- 雑貨店、船舶用品店
- Amazon ・ Kindle
- iBooks ・ GooglePlay ・ Kobo

www.marinedieselbasics.com からも入手可能です。

MDB ブックストア

目次

図面リスト	vi
メンテナンスログブックを備えることの価値	vii
メンテナンス ログブックへようこそ	vii
船舶情報	8
ディーゼルシステムインベントリー	9
すべてのシーコック – エンジン冷却、キッチン、トイレなどの設置場所	9
ディーゼル燃料タンク	11
ディーゼル燃料フィルター	12
エンジントランスファー/リフトポンプとインジェクションポンプ	12
API/SAE「ドーナツ」	13
エンジンオイルの添加剤	13
エンジンの潤滑	14
エンジン冷却	15
ブリージング – 空気取入口と排気	16
電気系 - バッテリー（蓄電池）	17
電気系 – オルタネータ（交流発電機）	18
電気系 – アノード	19
ギアボックス/トランスミッション（動力伝達装置）	20
プロペラシャフトとスターングランド	21
プロペラ	22
セイルドライブ	24
その他モーター – ジェネレーター、船外機など	25
予備品リスト – エンジンメンテナンス項目，エンジン構成部品	26
マニュアル	27
その他の装備品	28
メンテナンス作業とスケジュール	30
毎日または操作前の作業　毎週の作業	30
毎月の作業	31
3ヶ月毎の作業	31
毎シーズン作業	32
6ケ月毎の作業	32
毎年の作業	33
1〜2年毎の作業	34
セイルドライブ – メンテナンス作業とスケジュール	35
メンテナンスメモ	36
点検項目一覧	38
デッキ燃料フィルフィッティングの点検	38
エンジンオイルディップスティック診断	39
ギアボックス/トランスミッション液ディップスティック診断	40
ホースとホースクランプの点検	41
吊り下がりディップスティック? 正しい位置を確認する	41
配線とターミナルの点検	42
ゴム製インペラーの点検	43
原水ポンプの点検	43
防食アノードの点検	44
クーラント液・不凍液の点検	44
古いホースを使用したチェイフプロテクション（擦れ防止）	44
ベルトの点検	45

ベルトの張りの点検	46
プーリーの点検	47
シャフトカップリングの点検	48
プロペラシャフトの点検	49
ベルトの張りの点検	49
ドリップレスシャフトシールの点検	50
従来のスタッフィング ボックスのゴムホースの点検	50
ゴム製カットラスベアリングの点検	51
シャフトストラットの点検	52
プロペラの点検	52
セイルドライブ- 内部ラバーシールリングとウオーターセンサーアラームの点検	53

ログブックへの記入 54

まとめ **154**

ディーゼル燃料ログ	155
エンジンオイル交換	162
ギアボックス/トランスミッション液*の交換	166
一次燃料フィルターの交換	168
二次燃料フィルターの交換	170
原水ポンプインペラーの点検と交換	172
エンジンクーラント液/不凍液の排出と補充	174
船舶– 全アノードの点検と交換	176
セイルドライブギアオイルの交換	178
セイルドライブ – ゴム製シールの点検と交換	180
その他の装備品	182
まとめ- メモ	184

度量衡と換算 **186**

面積 - メートル法とインペリアル法	187
ディーゼル関連 - 容積と重量	188
電気関連 - 直流	189
電気関連 – ジェームズ・ワットの法則	189
電気関連 – ゲオルク オームの法則	189
長さ/距離 - メートル法、インペリアル法、ノーティカル法	190
出力 - 馬力とキロワット	192
圧力 - メートル法とインペリアル法	193
速度 - メートル法、インペリアル法、ノーティカル法	194
温度 - ºC と ºF	195
トルク - メートル法とインペリアル法	196
容積 - メートル法とインペリアル法	197
重量 - メートル法とインペリアル法	198
タップおよびドリル穴のサイズ (ミリメートルおよびインチ)	199
メートル法ミリメートル、分数インチ、およびデシマル インチ換算早見表	200
強化鋼製ボルトの最小引張強さ	201

索引 **206**

Marine Diesel Basics シリーズ **208**

図面リスト

フィルタ漏斗を使用して燃料を事前濾過する	vii
トップオープン型ウオーターストレーナーが使い易い	vii
ミクロンサイズ：小さいとはどのくらい小さいか？	9
燃料バルブの位置を特定する	11
一次燃料フィルターの5つのデザイン	12
API/SAE「ドーナツ」	13
オイルフィルター中央穴を覆う	14
エンジンコントロールケーブルにグリースを塗る	14
オイルクーラは熱交換器でもあり、通常は大型エンジンに設置される。	14
各シーコック用の木製プラグ	14
ベルトの張り具合 - 緩すぎ、きつすぎ	18
アノードの種類	19
3方式のプロペラ	23
サイフォンブレークがブロックされると、	31
サイフォンブレークを定期的に掃除する	31
インペラーの破片がないか熱交換器内部を調べる	32
デッキ燃料フィルフィッティングの点検	38
エンジンオイルディップスティック診断	39
ギアボックス/トランスミッション液ディップスティック診断	40
ホースとホースクランプの点検	41
吊り下がりディップスティック？正しい位置を確認する	41
配線とターミナルの点検	42
ゴム製インペラーの点検	43
原水ポンプの点検	43
防食アノードの点検	44
クーラント液/不凍液の点検	44
古いホースを利用したチェイフプロテクション（擦れ防止）	44
ベルトの点検	45
ベルトの張りの点検	46
プーリーの点検	47
シャフトカップリングの点検	48
プロペラシャフトの点検	49
ベルトの張りの点検	49
ドリップレスシャフトシールの点検	50
従来のスタッフィング ボックスのゴムホースの点検	50
ゴム製カットラスベアリングの点検	51
シャフトストラットの点検	52
プロペラの点検	52
セイルドライブ - 内部ゴム製シールリングとウオーターセンサーアラームの点検	53
一部のインジェクションポンプにチェックするディップスティックがある	154
オープン型湿式バッテリー内電解質のレベルをチェックする	154
フォルディングプロペラの点検	154
新しいスピンオンフィルターを取り付けるときは、古いガスケットを取り外す	154
比重計によるクーラント液/不凍液のテスト	186
マイクロメーター	190
ボルトの頭部の例　ねじ頭の例	200

メンテナンス ログブックへようこそ

このログブックは、ユーザーが船舶用ディーゼルシステムのすべての部分を容易にメンテするのに役立つように設計されています。

図面 － 重要な点検と構成部品の**40**以上の図面。完全なリスト（**vi**頁）を参照してください。

インベントリー － メンテナンスを容易にするために、品番と型番を一箇所にまとめておきます（例：燃料フィルター番号、バッテリーの設置日、プロペラのサイズと回転など。）

メンテナンススケジュール － 毎日、毎週、毎月などの基本的なメンテナンス作業のチェックリスト。作業が行われたらチェックを入れて、次の整備日付を記入してください。

点検 － 明瞭な図面は、点検を行う際に何を探すべきかを示してくれます － ベルト、インペラー、オイルレベルゲージ、プロペラなど。完全なリスト（**46**頁）を参照してください。

ログブック － システムのすべての部分で行われたすべての業務の完全な記録を残します － 何を、誰が、いつおよびフォローアップ。

まとめ － 重要な作業がログブック頁から漏れていないことを確認します。
特定の作業、例えばオイル交換、インペラー交換などに関するまとめ頁。
防食アノードはどのくらいの頻度で交換されますか？ 頻度は変わりましたか？

はじめに

度量衡と換算 － **14**の重要な度量衡単位：メトリックとインチ相当サイズ、ドリル穴、タップサイズのための算式と使いやすい表。

索引 － このログブックのすべてトピックの完全な索引

メンテナンスログブックを備えることの価値

メンテナンスログブックを備えることは、ボート上のすべての機械設備の健全性と長寿命を確保するための最も簡単で最も重要な方法の１つであります。より包括的でかつ詳細であるほど、ログブックは時間の経過とともにより有用になります。あなたのログブックはこれらの重要な機能を発揮します。

1. 何が、いつ、誰によって行われたかの記録。オイルとフィルターの交換など － 定期的、日常的メンテナンス（点検・整備） － 信頼性の高い船舶用ディーゼルシステムの基盤です：
   - トラブルシューティングは、多くの場合、実行された直近の作業に戻ることから始まり、何かが見落とされていないかどうかを確認します

2. メーカー、モデル、シリアル番号 － すべての情報を一箇所にまとめて簡単にアクセスできる場所に保管します：
   - 予備品などの正しい注文は、正確なモデルとシリアル番号を持っているかどうかに依存します

3. 潜在的な問題の早期観察 － 多くの問題はゆっくりと進行し、多くの場合、早期に発見されれば容易に修正できます：
   - 詳細なメモは、ステップバイステップのトラブルシューティング にとって実用的補助になります

4. エンジンとシステムのパフォーマンスの記録 － 簡単なメモをとることでマリンディーゼルシステムのすべての側面の意識が向上します：
   - 何が「正常」であるかを知ることは、潜在的な問題の早期発見に役立ちます

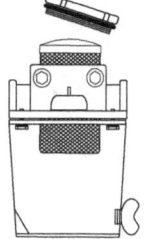

フィルター漏斗を使用して事前濾過して
タンク内に水と汚れが入らないようにします

トップオープン型ストレーナーを使用するとフィルターバスケットのクリーニングがより容易になります．
Oリングが漏れた場合、空気が原水ポンプに吸い込まれます

船舶情報

船舶のメーカーとモデル _____

_____ 建造年 _____

全長（LOA）_____ 船体番号 _____

喫水 _____ 水面上高さ _____ 船幅 _____

ライセンス/登録番号 _____ 更新 _____

ログブックの保管場所 _____ 紙 ⃝ pdf ⃝

MMSI (海上移動業務識別コード)_____ コールサイン _____

保険会社 _____

住所 _____

電話 _____

Eメール _____

保険証券番号 _____ 更新日 _____

所在地 _____ 紙 ⃝ pdf ⃝

メモ _____

連絡先の詳細 － ボートヤード、マリーナとメカニクス _____

名称/住所 _____

電話 _____

Eメール _____

名称/住所 _____

電話 _____

Eメール _____

名称/住所 _____

電話 _____

Eメール _____

ディーゼルシステムインベントリー

メーカーとモデル _____ 年 _____

シリアル番号 _____ 出力（馬力、キロワット）_____ 気筒数 _____

定格銘板の取付場所 _____

エンジン運転時間 _____ 日付 _____

回転 _____ オーバーホール/再組立て _____

エンジンマウント　　メーカーとサイズ _____ 据付け日 _____

エンジンマニュアル　オペレーター ☐　　スペアパーツ ☐
　　　　　　　　　　ワークショップ ☐　　紙 ☐　pdf ☐

マニュアルの完全リスト（33頁）を参照してください

インベントリー

すべてのシーコック – エンジン冷却、キッチン、トイレなどの設置場所

ミクロンサイズ：小さいとはどのくらい小さいか?

一次燃料フィルターのごみは小さすぎて見えない場合があります

- 100 ミクロン 1 粒の砂
- 30 ミクロン 健全な人間の視力で見える
- 10 ミクロン 一次ディーゼル燃料フィルター
- 2 ミクロン 二次ディーゼル燃料フィルター
- 使用済みエンジンオイル中の粒子 20～5 ミクロン
- 8 ミクロン 赤血球

設置場所　：　・　燃料タンク　　　　　・　燃料ホース
　　　　　　　・　デッキ上給油金物　・　シャットオフバルブ
　　　　　　　・　燃料ベント　　　　・　燃料計の配線

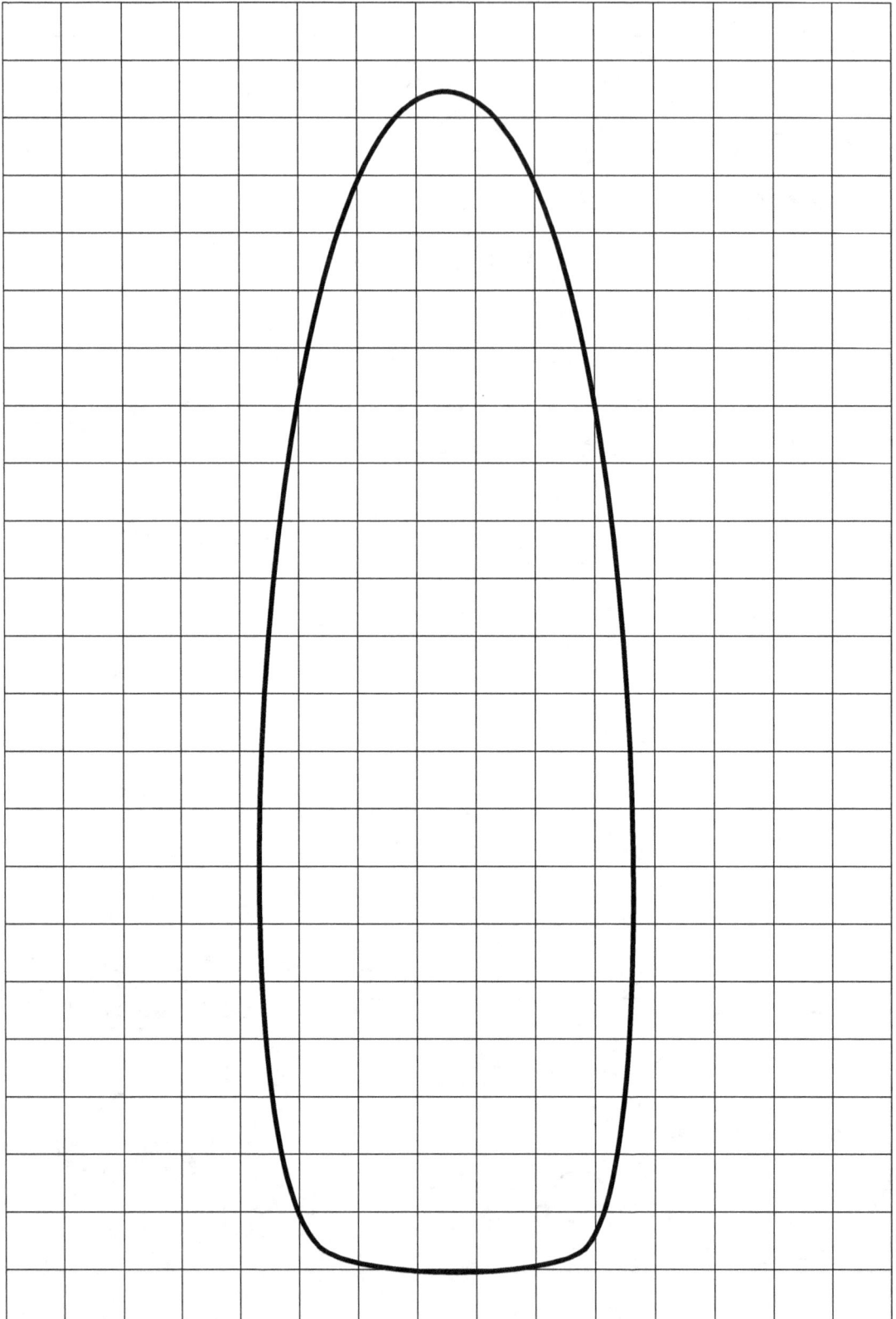

ディーゼル燃料タンク

タンク数 _____ 合計容量 _____ リットル

#1 燃料タンク _____ 容量 _____ リットル

構成材料 _____ 製造年 _____

修理 _____

燃料タンク用ホースの直径と敷設年　充填ホース _____ mm　供給ホース _____ mm

ベントホース _____ mm　戻りホース _____ mm

燃料バルブの位置を特定する

タンク間のバルブを閉じる

燃料バルブの位置を知ることは、ホースが故障した場合のフラッディングを防ぐのに役立ちます

インベントリー

#2 燃料タンク _____ 容量 _____ リットル

構成材料 _____ 製造年 _____

修理 _____

燃料タンク用ホースの直径と敷設年　充填ホース _____ mm　供給ホース _____ mm

ベントホース _____ mm　戻りホース _____ mm

#3 燃料タンク _____ 容量 _____ リットル

構成材料 _____ 製造年 _____

修理 _____

燃料タンク用ホースの直径と敷設年　充填ホース _____ mm　供給ホース _____ mm

ベントホース _____ mm　戻りホース _____ mm

ディーゼル燃料フィルター

一次燃料フィルター メーカーとモデル _____

エレメント品番 _____ ミクロンサイズ _____

メモ _____

ディーゼル燃料から自由水やごみを除去することを目的とした一次燃料フィルターの5つのデザイン

二次燃料フィルター メーカーとモデル _____

エレメント品番 _____ ミクロンサイズ _____

メモ _____

エンジントランスファー/リフトポンプとインジェクションポンプ

燃料ポンプ　　エンジン駆動 ☐　　電気 ☐　　補助燃料ポンプ　非装着 ☐
　　　　　　　　　　　　　　　　　　　　　　　　　　　　　　装着 ☐

品番 _____

インジェクションポンプのメーカーとモデル _____

燃料噴射のタイプ
　　　　　機械式 － インライン ☐　　　　電子式 － コモンレール ☐
　　　　　機械式 － 分配器 ☐　　　　　　電子式 － 回転分配器 ☐

インジェクションポンプのマニュアル　はい ☐　いいえ ☐　保管場所 _____

メモ _____

API/SAE「ドーナツ」

エンジン オイルの容器に表示されるAPI/SAE「ドーナツ」は、オイル仕様に関する**3**つの重要な情報を提供します。

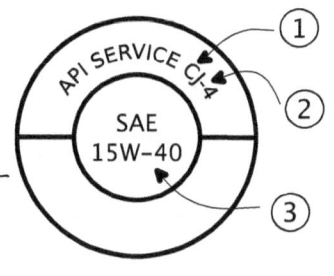

1) **C**（コンプレッション）/ディーゼル － または**S**（スパーク）/ガソリン
2) **J**サービスカテゴリー － 新型モデルに関する最新規格
3) 粘度 － マルチグレードまたはストレート (例: SAE30)

すべての温度における適切なオイルの流れには、低温時に濃すぎず、エンジンの通常の動作温度で薄すぎないオイルが必要です。数値が小さいほど薄く、低い粘度油を示します。

マルチグレード オイル (つまり、ブレンドオイル) は、広い範囲の周囲温度に対応して最適なパフォーマンスを提供することを目指していて、また寒冷天候でのエンジン始動に重要です。

シングルグレードのモノグレードオイル (SAE30 または「ストレート 30」) は、狭くなった温度範囲で最適なサービスを提供します。

マルチグレードオイルには、冬期または冷間始動用の文字「**W**」で区切られた**2**つの数字があります (例: **10W30** または「10-30」)。**10W30**は、冷間時にはストレート**SAE10**と同じ粘度、高温時には**SAE30**と同じ粘度を有します。

エンジンオイルの添加剤

添加剤は、ディーゼル エンジン オイルの **15 ～25%** を構成し、エンジン性能を向上させ、かつ摩耗を低減させる特別な成分です。

添加物は時間の経過とともに使い果たされるため、エンジンが過熱した場合、または低品質のオイルを使用する必要がある場合 (例: 利用可能であったすべてのオイル) 少なくともメーカーが指定した頻度でオイルを交換することが極めて重要です。 **9**種類の添加物が使用されています; それぞれに特定の働きがあります。

1. 　分散剤 － カーボンスラッジの形成を防ぐのに役立つオイルフィルターによってオイルが除去されるまで汚染物質 (例: 炭素、金属粒子) をオイル中に浮遊させておくのに役立ちます。
2. 　洗剤 － 軸受やピストンなどの高温表面に炭素堆積物が形成されるのを停止させるのに役立ちます。
3. 　耐摩耗剤 － 金属同士の表面の摩耗を防ぐ重要な潤滑剤; 犠牲的であり、時間の経過とともに使い果たされます。
4. 　摩擦低減剤/調整剤 －、摩耗を減らし、燃費を向上させてオイルの摩擦特性を変化させます。
5. 　酸化防止剤/抗酸化剤 － 高温;における酸素への曝露の影響を遅らせます; 劣化したオイルの酸化は、スラッジの形成とオイルの増粘に寄与します。
6. 　消泡剤 - オイルが循環する際の気泡の形成を減らします; 気泡には孔食の原因となる燃焼ガスが含まれている可能性があり、空気の存在は潤滑の不在を意味します。
7. 　腐食/防錆剤 － 表面をコーティングして錆を防ぎ、空気中の水蒸気と燃料中の硫黄から生成される硫酸などの酸を中和します。
8. 　粘度指数向上剤 － 高温でのオイルの希釈化を修正させ、これにより低温でのパフォーマンスが向上します。
9. 　流動点降下剤 － マルチグレードのオイルに使用され、低温での流動性を向上させ、これにより、冷間気候での冷間始動が容易になります。

インベントリー

エンジンの潤滑

```
エンジンオイル容量 _____ リットル
使用ブランドとグレード _____
オイルフィルター品番 _____
代替オイルフィルター品番 _____
オイルクーラー   いいえ ☐   はい ☐    クランクケースブリーザフィルター   いいえ ☐
                                                                              はい ☐
メモ _____
_____
```

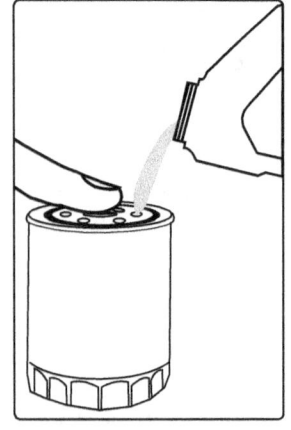

オイルフィルターに事前充填する場合中央穴を塞ぐ

エンジンコントロールケーブルにグリースを塗る

すべてのコントロールケーブルの両端部にグリースを塗ることは、さびや腐食の防止に役立ちます：
・スロットルコントロール
・トランスミッションコントロール（ギヤケーブル）
・ストップケーブル（電気ソレノイドでない場合）

エンジンマウントのネジ山にグリースを塗ることは、かじり防止に役立ちます
かじりはエンジンのアライメントを非常に難しくさせる可能性がある

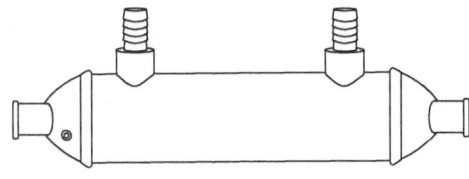

オイルクーラは熱交換器でもあり、通常は大型エンジンに設置される。防食アノードが取り付けられているかどうかを確認します。

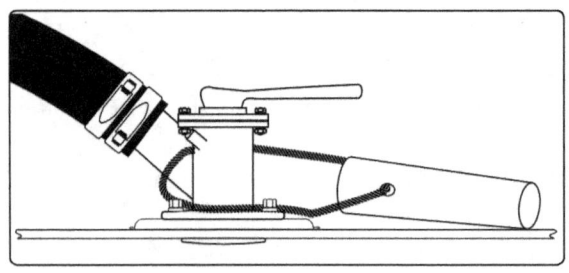

ホースまたはシーコックが故障した場合に使用するために、各シーコックに木製プラグをつなぎます

エンジン冷却

冷却の種類　　　　　原水 ☐　　　　　キール冷却 ☐　　　空冷式 ☐
　　　　　　　　　　間接 ☐　　直接 ☐

シーコックのタイプ _____ 設置日 _____

ストレーナーのメーカーとモデル _____ 設置日 _____

原水ホース – サイズ _____ 設置日 _____

原水ポンプのメーカーとモデル _____

ポンプのタイプ　　歯車駆動 ☐　ベルト駆動 ☐　ベルト品番 _____

インペラーのメーカーと型番 _____

代替ブランドと品番 _____

熱交換器のメーカーとモデル _____

サイフォンブレークのメーカーとモデル _____

インベントリー

インペラー・プーラー

ほとんどのインペラは、ベーンを傷つけないような工具を使って、ゆっくり、着実に、均等に引っ張ることで引き抜くことができます。

クーラント液容量 _____ リットル

最終交換日 _____ 最終清浄化日 _____

クーラント液/不凍液のブランド _____

メモ _____
_____
_____
_____
_____

ブリージング – 空気取入口と排気

エアインテーク（空気取入口）

エアフィルター装着　　いいえ ☐　はい ☐　タイプ _____

機械式ブロワ吸込　　　いいえ ☐　はい ☐　型番 _____

機械式ブロワ吐出　　　いいえ ☐　はい ☐　型番 _____

ターボチャージャー　　いいえ ☐　はい ☐　メーカーとモデル _____

アフタークーラー/インタークーラー　　いいえ ☐　はい ☐ _____

メーカーとモデル _____

メモ _____
_____

端部のクリップを外してカートリッジを取外す

カートリッジは洗浄または交換可能です

フォームエアフィルターは温かい石鹸水の中で洗うことができます

一部のフィルター カートリッジはブラシで掃除できます

イグゾースト（排気）

排気系　　　湿式排気 ☐　　乾式排気 ☐　_____

排気ライザー – 構成材料　　　　　鋳鉄 ☐　ステンレス鋼 ☐　その他 ☐

設置日/最終修理日 _____

排気ホース – 直径 ID + OD _____ 敷設日 _____

ウォーターリフトマフラーのメーカーとモデル _____

ドレンタップ　　いいえ ☐　はい ☐ _____

メモ _____
_____

電気系 - バッテリー（蓄電池）

太陽光パネル総設置ワット数 _____　風力発電機定格アンペア _____

バッテリーバンクの数（全船）_____　全オルタネータの総定格出力 _____アンペア/kW

エンジン始動バッテリーに並列接続した場合の総アンペア _____

左舷エンジン　始動バンク

バッテリー数 _____　　電圧　6v ☐　12v ☐　24v ☐　　　使用電圧 _____

バッテリーのタイプ　湿電池 ☐　開放型 ☐　ゲル電池 ☐　AGM ☐　リチウム ☐
　　　　　　　　　　　　　　密閉型 ☐

CCA*クランキングアンペア _____　MCA*クランキングアンペア _____　アンペア時 _____

ブランドとモデル _____

グループサイズ _____　設置日 _____

メモ _____

インベントリー

硬いワイヤでライザーからスケールとサビをきれいに除去します

ウォーターリフトマフラー（消音器）の水抜きが役に立ちます

小さな穴はインペラーの破片で簡単に塞がれてしまいます

その他のバッテリーバンク

バッテリー数 _____　　電圧　6v ☐　12v ☐　24v ☐　　　使用電圧 _____

バッテリーのタイプ　湿電池 ☐　開放型 ☐　ゲル電池 ☐　AGM ☐　リチウム ☐
　　　　　　　　　　　　　　密閉型 ☐

CCA*クランキングアンペア _____　MCA*クランキングアンペア _____　アンペア時 _____

ブランドとモデル _____

グループサイズ _____　設置日 _____

メモ _____

*CCA-コールドクランキングアンペア　189ページ参照　*MCA-マリンクランキングアンペア

電気系－オルタネータ（交流発電機）

オルタネータの総数＿＿＿＿＿＿＿　　総定格出力＿＿＿＿＿＿＿

左舷エンジン

オルタネータ #1

メーカーとモデル ＿＿＿＿＿＿＿＿＿＿＿＿＿＿＿＿＿＿＿＿＿＿＿＿＿＿＿

定格出力 ＿＿＿＿＿＿＿　設置日 ＿＿＿＿＿＿＿　ベルトの種類　サーペンタイン ☐
　　　　　　　　　　　　　　　　　　　　　　　　　　　　　　V-ベルト ☐

ベルト外側長さ＿＿＿＿＿＿　上幅 ＿＿＿＿＿＿　高さ＿＿＿＿＿mm

ベルト品番＿＿＿＿＿＿＿＿＿＿＿＿＿＿＿＿＿＿＿＿＿＿＿＿＿＿＿＿＿

レギュレータ　　　内蔵 ☐　メーカーとモデル ＿＿＿＿＿＿＿＿＿＿＿＿＿＿
　　　　　　　　　外付け ☐
　　　　スマート　3充電段階* ☐　　設置日 ＿＿＿＿＿＿＿＿＿＿＿＿＿＿

メモ ＿＿＿＿＿＿＿＿＿＿＿＿＿＿＿＿＿＿＿＿＿＿＿＿＿＿＿＿＿＿＿

*3充電段階;バルク充電、アブソーブ充電、フローティング充電

ベルトの張り具合がきつすぎるとオルタネーターベアリングに歪みと損傷 をもたらします またアライメントを損なう可能性があります

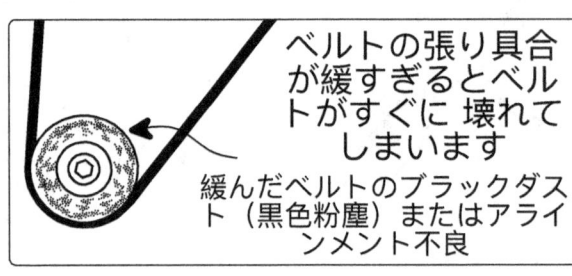

ベルトの張り具合が緩すぎるとベルトがすぐに 壊れてしまいます 緩んだベルトのブラックダスト（黒色粉塵）またはアライメント不良

オルタネータ #2

メーカーとモデル ＿＿＿＿＿＿＿＿＿＿＿＿＿＿＿＿＿＿＿＿＿＿＿＿＿＿＿

定格出力 ＿＿＿＿＿＿＿　設置日 ＿＿＿＿＿＿＿　ベルトの種類　サーペンタイン ☐
　　　　　　　　　　　　　　　　　　　　　　　　　　　　　　V-ベルト ☐

ベルト外側長さ＿＿＿＿＿＿　上幅 ＿＿＿＿＿＿　高さ＿＿＿＿＿mm

ベルト品番＿＿＿＿＿＿＿＿＿＿＿＿＿＿＿＿＿＿＿＿＿＿＿＿＿＿＿＿＿

レギュレータ　　　内蔵 ☐　メーカーとモデル ＿＿＿＿＿＿＿＿＿＿＿＿＿＿
　　　　　　　　　外付け ☐
　　　　スマート　3充電段階* ☐　　設置日 ＿＿＿＿＿＿＿＿＿＿＿＿＿＿

メモ ＿＿＿＿＿＿＿＿＿＿＿＿＿＿＿＿＿＿＿＿＿＿＿＿＿＿＿＿＿＿＿

*3充電段階;バルク充電、アブソーブ充電、フローティング充電

電気系 - アノード

| 左舷エンジン防食アノード | いいえ ◯ | はい ◯ | タイプ | マグネシウム ◯ |
| | | | 亜鉛 ◯ | アルミニウム ◯ |

サイズ_____

エンジン上の取付場所_____

| 左舷プロペラアノード | いいえ ◯ | はい ◯ | タイプ | マグネシウム ◯ |
| | | | 亜鉛 ◯ | アルミニウム ◯ |

サイズ_____

エンジン上の取付場所_____

セイルドライブ（24頁）も参照してください

アノードの種類
亜鉛 - 塩水
マグネシウム - 淡水
アルミニウム - 半塩水、淡水または塩水

インベントリー

船舶上で異なる種類の防食アノードを混在させないでください

| 船底に設置されたアノード | いいえ ◯ | はい ◯ | タイプ | マグネシウム ◯ |
| | | | 亜鉛 ◯ | アルミニウム ◯ |

サイズ_____

エンジン上の取付場所_____

アノードの取付総数 _____ 場所 - エンジン、プロペラ シャフト、プロペラ、船体

メモ _____

_____

_____

ギヤボックス/トランスミッション（動力伝達装置）

トランスミッション　メーカーとモデル _____
_____

シリアル番号 _____

タイプ　　　油圧式 ☐　　　機械式 ☐　　　設置日 _____

ATF（オートマ・オイル）またはオイル _____ 流体容量 _____ リットル

ギヤ比　　　ポジションA _____ ポジションB _____

トランスミッションクーラー（熱交換器）　いいえ ☐　　　はい ☐

防食アノード　いいえ ☐　　はい ☐　　亜鉛 ☐　アルミニウム ☐　マグネシウム ☐

ドライブプレート/ダンパープレート　　タイプ _____

最終点検日 _____

トランスミッション　入力シャフトサイズ _____ mm　　スプライン数 _____
　　　　　　　　　　出力シャフトサイズ _____ mm　　スプライン数 _____

メモ _____

フレキシブルカップリング　いいえ ☐　　はい ☐　　設置日 _____

メーカーと型番 _____

航行中のギア位置*　中立（フリーホイール ☐　前進ギア/後進ギア ☐　シャフトブレーキ ☐
　　　　　　*マニュアルを必ず確認してください
　　　　　ギアボックスモデルが異なれば要件も変わります

ドライブプレート/ダンパープレートの３デザイン

プロペラシャフトとスターングランド

プロペラシャフト材質

- ステンレス鋼 ☐
- 青銅 ☐
- _____ その他 ☐

シャフト径 _____ mm

設置日 _____

プロペラ シャフト テーパーのテーパーを正しく測定するには、28 頁を参照してください。

スターングランド

シール方式　ドリップレスリップシール ☐　ドリップレスフェイスシール ☐
　　　　　　　　　　　　　　　　　　　スタッフィングボックス ☐

メーカーとモデル _____

サイズ _____ 設置日 _____

マニュアル _____ 紙 ☐　pdf ☐

インベントリー

ドリップレスフェイス軸封装置

ドリップレスリップ軸封装置

従来の青銅製スタッフィングボックス

カットラスベアリング　メーカーとモデル _____

構成材料　真鍮/ゴム ☐　　複合材/ゴム ☐　　ゴム/ゴム ☐

設置日 _____

ストラット上のバレル　　カットラスベアリング　　プロペラシャフ

測定値
☐ mm
☐ インチ

ストラットバレルの長さ　　内径　　外径　　内径　　外径

プロペラ

プロペラの方式　固定式 ☐　フェザリング式 ☐　フォールディング式 ☐

構成材料　　　青銅 ☐　ステンレス鋼 ☐　アルミニウム ☐　　回転方向
　　　　　　　　　　　　　　　　　　　　　　　　　　　　　　　左回り (LH) ☐
翼数　　　　2 ☐　3 ☐　4 ☐　5 ☐　　　　　　　　　　　　右回り (RH) ☐

プロペラ寸法　　　　直径　　　　　　　ピッチ　　　　　　　cm / インチ

メーカーとシリアル番号 _____

プロペラ番号（例：18LH12）_____ 設置日 _____

修理日 _____

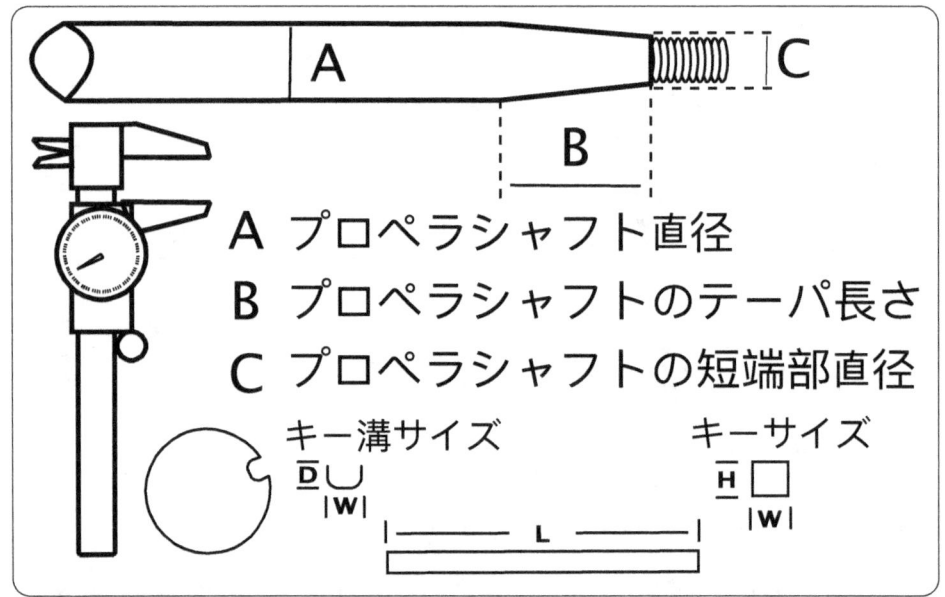

A プロペラシャフト直径
B プロペラシャフトのテーパ長さ
C プロペラシャフトの短端部直径

キー溝サイズ　　　　キーサイズ

プロペラと篏合するプロペラシャフトテーパ　　測定値　mm ☐　インチ* ☐

A プロペラシャフト直径 _____　　ネジサイズ** _____

B プロペラシャフトテーパ長さ _____　D キー溝深さ _____

C プロペラシャフト直径 _____　W キー溝幅 _____

H キー高さ _____ W キー幅 _____ L キー溝長さ _____

* 最大の精度を得るには、10進数のインチ(decimal inches)を使用してください

**　　メトリック－ネジピッチ　　インチ－1インチ当たりネジ山の数

メモ _____

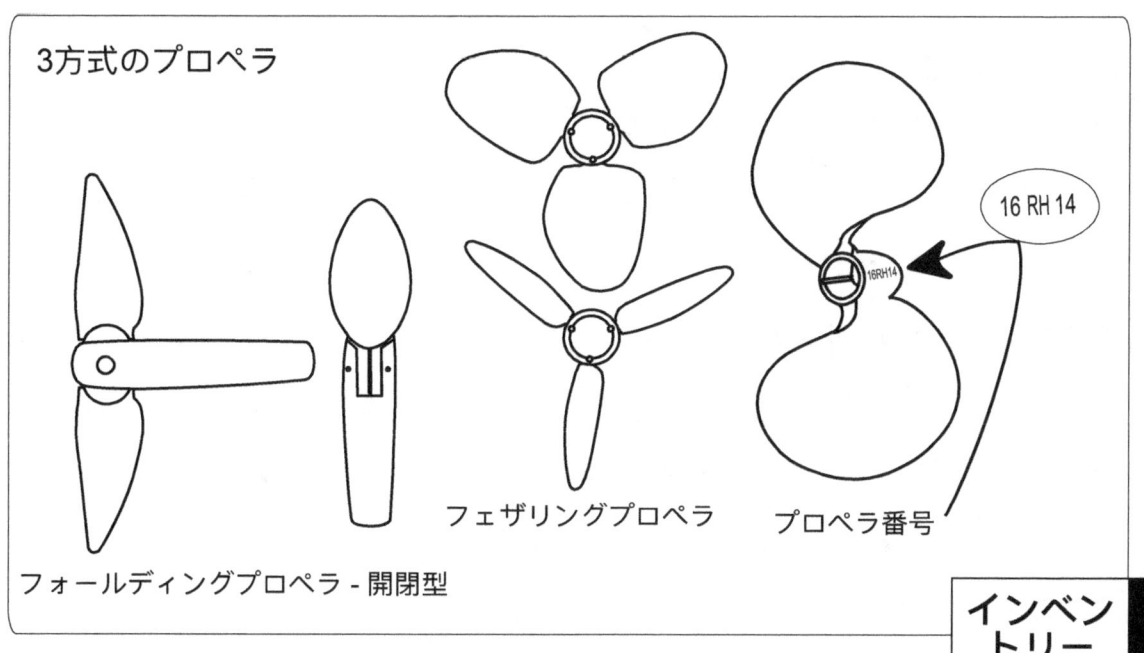

フレキシブルカップリング（可撓継手）

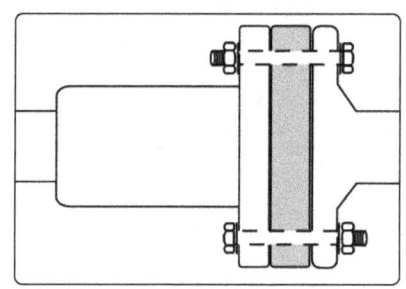

フレキシブル カップリングは通常、ゴム、ポリウレタン (または他のプラスチック) ディスク、または厚いプレートで、トランスミッション出力フランジとプロペラシャフト カップリングの間にぴったりはまります。これらの基本的なフレキシブル プレートは、位置ずれを補正するようには設計されていません。

基本的なフレキシブルカップリングの機能
フレキシブルカップリングの機能は次のとおりです。

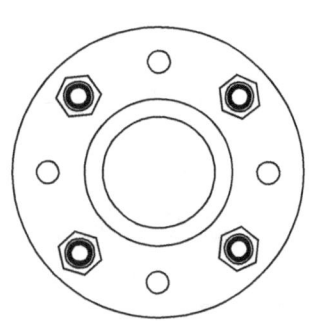

● プロペラシャフトの突然の停止(スラストショック)からトランスミッション/ギアボックスとエンジンを保護します － 例： プロペラがロープや網に引っかかったり、丸太にぶつかったりし場合！

● カップリングはばらせるように設計されているため、プロペラシャフトをギアボックスとエンジンから切り離すことができます

● 軽微なシャフト振動を吸収する

● エンジンのアライメント不良を修正するようには設計されていません

位置ずれを補償するために、より高度で複雑で高価なフレキシブル カップリングを利用できます。

セイルドライブ

メーカーとモデル _____

シリアル番号 _____ 設置日 _____

船体シールの設置/新替え日 _____

ロアユニットギヤオイル容量 _____リットル

使用オイル – ブランドとグレード _____

防食アノード数 _____ 種類　亜鉛 ◯　マグネシウム ◯　アルミニウム ◯

防食アノード取付場所_____ 品番_____

防食アノード取付場所_____ 品番_____

防食アノード取付場所_____ 品番_____

セイルドライブオペレータ マニュアル*◯　　ワークショップ マニュアル ◯
　　　　　　　　　　パーツ マニュアル ◯　　　　　　　紙 ◯　pdf ◯

*マニュアルの完全リスト（33頁）を参照してください

メモ _____
_____
_____
_____
_____
_____
_____
_____
_____
_____
_____

その他モーター – ジェネレーター、船外機など

```
エンジン　メーカーとモデル _____ 年 _____

燃料　　ディーゼル ☐　ガソリン ☐　その他 ☐ _____

シリアル番号 _____ 出力（HP KW）_____ 気筒数 _____

エンジン運転時間 _____ 日付 _____

回転 _____ オーバーホール/再組立て _____
エンジンマニュアル　　ワークショップ ☐　スペアパーツ ☐　　紙 ☐ pdf ☐
　　　　　　　　　オペレータ ☐
保管場所 _____
```

完全なリスト（27頁）を参照してください　　**インベントリー**

```
エンジン　メーカーとモデル _____ 年 _____

燃料　　ディーゼル ☐　ガソリン ☐　その他 ☐ _____

シリアル番号 _____ 出力（HP KW）_____ 気筒数 _____

エンジン運転時間 _____ 日付 _____

回転 _____ オーバーホール/再組立て _____
エンジンマニュアル　　ワークショップ ☐　スペアパーツ ☐　　紙 ☐ pdf ☐
　　　　　　　　　オペレータ ☐
保管場所 _____
```

```
メモ _____
_____
_____
_____
_____
_____
_____
```

予備品リスト – エンジンメンテナンス項目

項目	数量	場所
一次燃料フィルター		
二次燃料フィルター		
オイルフィルター		
ベルト		
防食アノード		
インペラー		
エンジンオイル		
トランスミッション液		
クーラント液		

予備品リスト – エンジン構成部品

項目	場所
フューエルポンプ	
インジェクションポンプ	
インジェクションライン（セット）	
インジェクター	
銅ワッシャー類（インジェクターシート）	
原水ポンプ	
サーモスタット	
オルタネーター	
ホース類	

マニュアル

エンジン オペレータマニュアル ☐　ワークショップマニュアル ☐　パーツマニュアル ☐

場所＿＿＿＿＿＿＿＿＿＿＿＿＿＿＿＿＿＿＿＿＿＿＿＿＿＿　紙 ☐　pdf ☐

トランスミッションオペレータマニュアル ☐　　　パーツマニュアル ☐

　　　ワークショップマニュアル ☐

場所＿＿＿＿＿＿＿＿＿＿＿＿＿＿＿＿＿＿＿＿＿＿＿＿＿＿　紙 ☐　pdf ☐

電装マニュアル　　バッテリー ☐　オルタネーター ☐　　レギュレータ ☐

場所＿＿＿＿＿＿＿＿＿＿＿＿＿＿＿＿＿＿＿＿＿＿＿＿＿＿　紙 ☐　pdf ☐

セイルドライブオペレータマニュアル ☐　　パーツマニュアル ☐

　　　ワークショップマニュアル ☐

場所＿＿＿＿＿＿＿＿＿＿＿＿＿＿＿＿＿＿＿＿＿＿＿＿＿＿　紙 ☐　pdf ☐

　　ステムグランドマニュアル ☐

場所＿＿＿＿＿＿＿＿＿＿＿＿＿＿＿＿＿＿＿＿＿＿＿＿＿＿　紙 ☐　pdf ☐

その他のマニュアル

＿＿＿＿＿＿＿＿＿＿＿＿＿＿＿＿＿＿＿＿＿＿＿＿＿＿　紙 ☐　pdf ☐

＿＿＿＿＿＿＿＿＿＿＿＿＿＿＿＿＿＿＿＿＿＿＿＿＿＿　紙 ☐　pdf ☐

＿＿＿＿＿＿＿＿＿＿＿＿＿＿＿＿＿＿＿＿＿＿＿＿＿＿　紙 ☐　pdf ☐

＿＿＿＿＿＿＿＿＿＿＿＿＿＿＿＿＿＿＿＿＿＿＿＿＿＿　紙 ☐　pdf ☐

インベントリー

メモ ＿＿＿＿＿＿＿＿＿＿＿＿＿＿＿＿＿＿＿＿＿＿＿＿＿＿＿＿＿＿＿＿

その他の装備品

その他の装備品

インベントリー

メンテナンス作業とスケジュール

Marine Diesel Basics 1 では、明瞭な図面と簡潔な説明文を用いて、これらすべての作業を完了させる方法を示しています。

毎日または操作前の作業	
エンジンルーム目視点検	
ベルト張力をチェックする	
バッテリーの充電を維持し電圧をモニターする	
エンジンオイルレベルをチェックする	
クーラント液/不凍液レベルを確認し必要に応じて満タンにする	

点検用図面（46～61頁）を参照してください　エンジンルーム点検

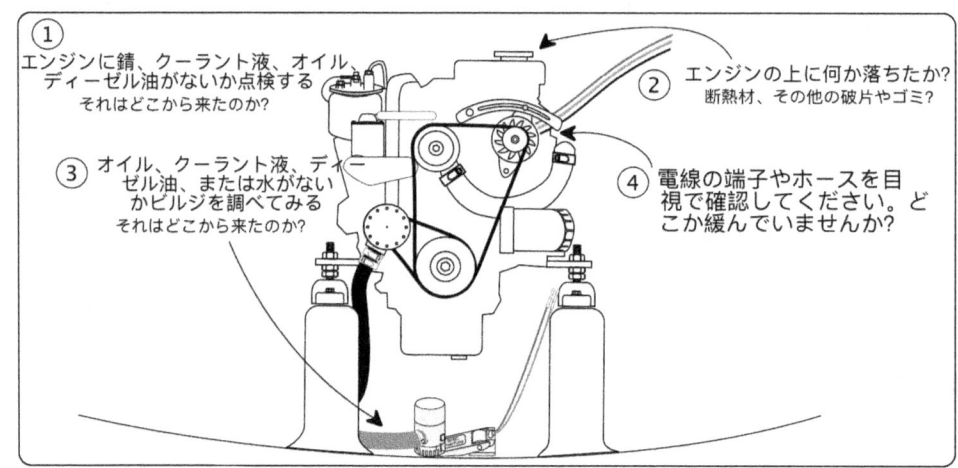

① エンジンに錆、クーラント液、オイル、ディーゼル油がないか点検する　それはどこから来たのか？

② エンジンの上に何か落ちたか？断熱材、その他の破片やゴミ？

③ オイル、クーラント液、ディーゼル油、または水がないかビルジを調べてみる　それはどこから来たのか？

④ 電線の端子やホースを目視で確認してください。どこか緩んでいませんか？

毎週の作業	
トランスミッション液のレベルの確認	
ホースとホースクランプの点検	
擦れ防止プロテクションの装着・点検	
ベルトの点検	
クーラント液の状態の点検	
ディップスティック診断 − エンジンオイル	
ディップスティック診断 −トランスミッション液	
マルチメーター（電気抵抗ミリアンペア計）でバッテリーの開回路電圧の確認	

毎月の作業	
プーリー（シーブ）の点検	
ベルトとプーリーの位置チェック	
必要に応じて、プーリーのアラインメント調整	
オルタネータとウォーターポンプのベルト締め付け	
インジェクター＆インジェクションポンプ周りの清掃	
必要に応じて、サイフォンブレークとフラッシュの確認	

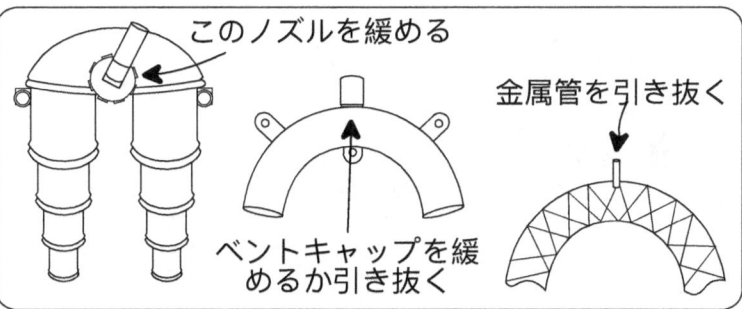

サイフォンブレークがブロックされると、原水がエンジンに浸入する可能性がある

メンテナンスチェックリスト

サイフォンブレークを定期的に掃除する

必要に応じて、エアフィルターのチェックと清掃	
バッテリー端子接続部の締め付け	
バッテリーの上部とターミナル（端子）の清掃	
ウエットセルバッテリーの電解質レベルのチェック	
プロペラ、ストラットとシャフトをこすって汚れを取る（必要に応じて）	

3ケ月毎の作業	
燃料デッキフィルの点検	
充填時に燃料タンクに殺生物剤添加	
エンジンルームの良好な空気の流れチェック	
トランスミッションとプロペラシャフト間のカップリングの確認	
スターングランド(スタッフィングボックス)の点検	

毎シーズン作業	
エンジンオイル＆フィルターの交換	
トランスミッション液の交換	
エンジンマウントの状態チェック	
コントロールケーブルの端部とエンジンマウントねじ部にグリース塗布	
インジェクションポンプとガバナディップスティック（装着の場合）のチェック	

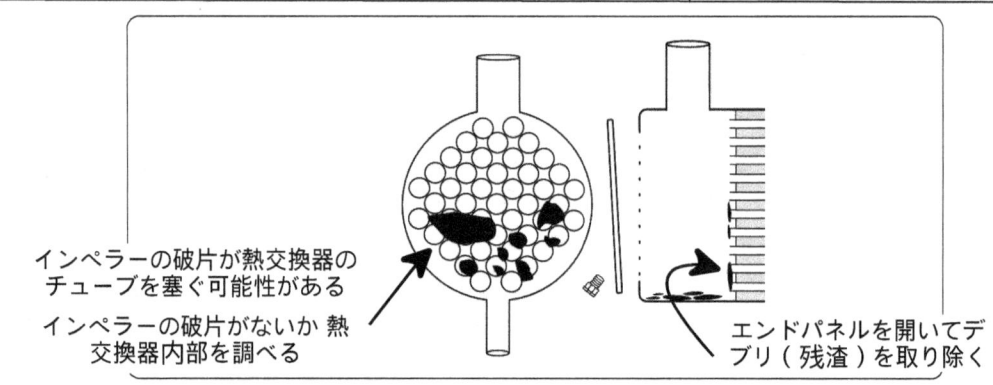

インペラーの破片が熱交換器のチューブを塞ぐ可能性がある

インペラーの破片がないか熱交換器内部を調べる

エンドパネルを開いてデブリ（残渣）を取り除く

6ケ月毎の作業	
熱交換器の防食アノードのチェック・交換	
プロペラの防食アノードの点検	
フェザリングプロペラの防食アノードの点検	

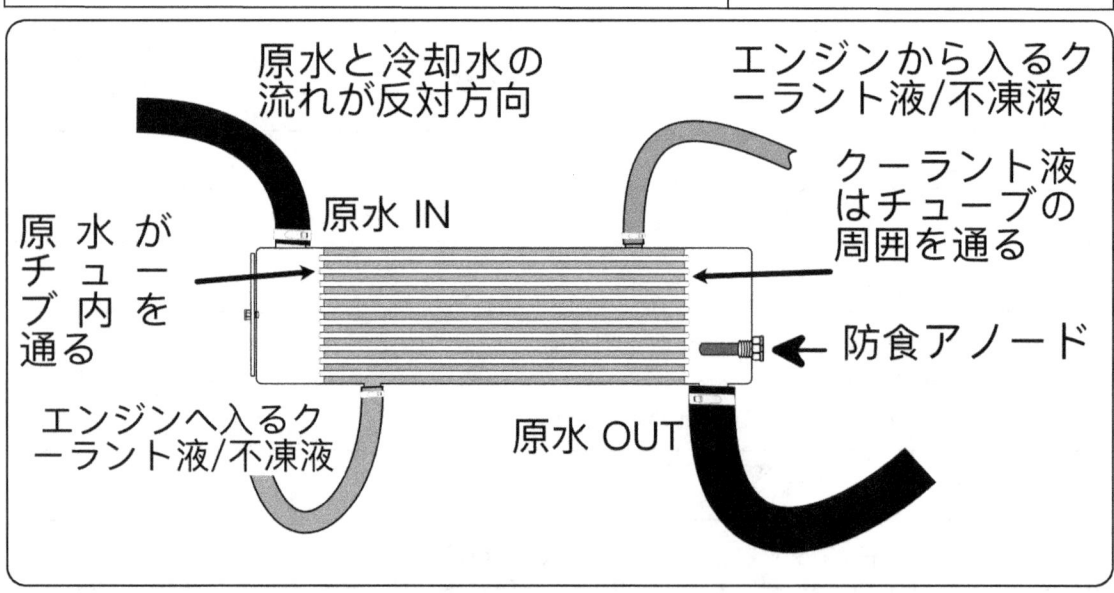

毎年の作業	
一次燃料フィルターの交換 (10ミクロンフィルター使用)	
二次燃料フィルターの交換 (2ミクロンフィルター使用)	
燃料システムのエア抜き (必要に応じて)	
ディーゼルタンクの汚染チェック	
イグニッションキースロットに注油	
原水取入用船体貫通部の清掃	
シーコックに接続された緊急プラグの確認	

点検用図面（46～61頁）を参照してください。

メンテナンスチェックリスト

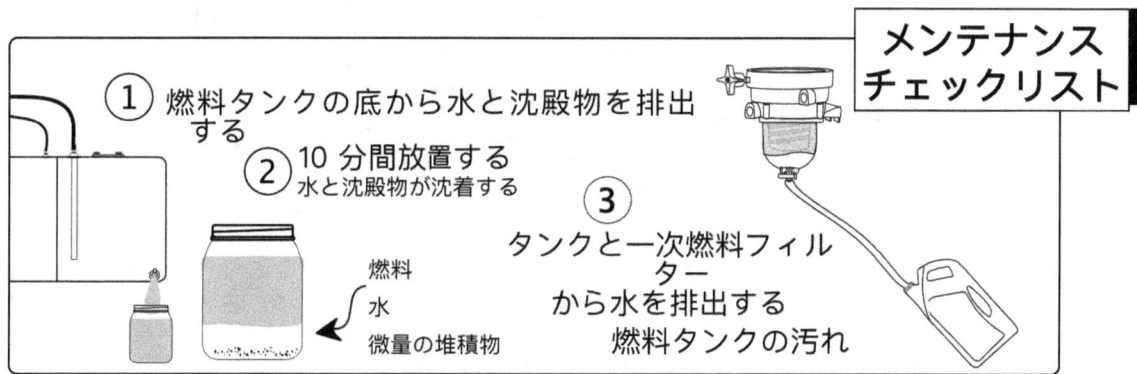

① 燃料タンクの底から水と沈殿物を排出する
② 10分間放置する　水と沈殿物が沈着する
　燃料／水／微量の堆積物
③ タンクと一次燃料フィルターから水を排出する　燃料タンクの汚れ

シーコックのスムーズな開閉を確認	
原水ストレーナーの点検 (バスケットだけでなく、フルアセンブリ)	
原水ポンプゴムインペラーの点検	
遮音材の点検・修理	
各12ボルト バッテリーの負荷テスト実施	
プロペラシャフトの点検	
カットラスベアリングの点検	
シャフトストラットの点検	
プロペラの点検	

Marine Diesel Basics 1 では、明瞭な図面と簡潔な説明文を用いて、
これらすべての作業を完了する方法を示しています。

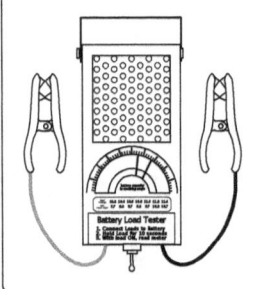

負荷テスターによって、負荷の下でバッテリーがどのようにうまく機能するかを測定できます。12ボルトのバッテリーは完全充電（12.65v）と表示されますが、通常、通常硫酸化により容量低減が原因してエンジンのクランクを回すことができません。

良好な状態で完全充電されたバッテリーの電圧は、負荷の下で10秒間は緩慢な又は最小の電圧降下を表示するはずです。

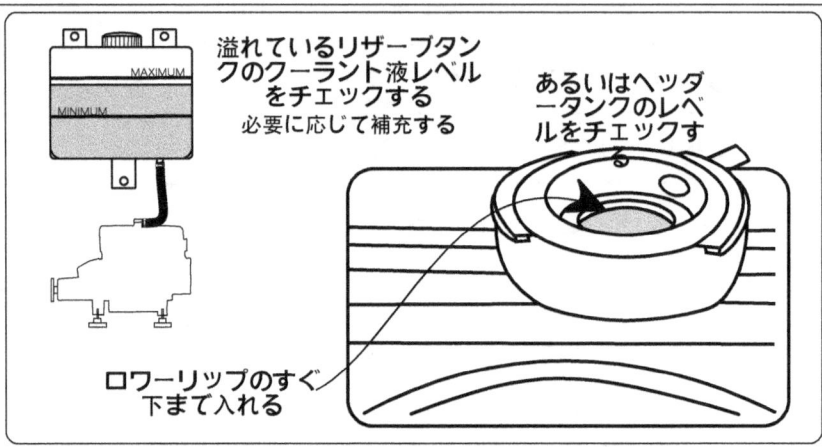

溢れているリザーブタンクのクーラント液レベルをチェックする
必要に応じて補充する

あるいはヘッダータンクのレベルをチェックす

ロワーリップのすぐ下まで入れる

1〜2年毎の作業	
劣化したクーラント液の排出・交換	
エキゾースト（排気）ライザーの内部通路の確認（湿式排気）	
フェザリングプロペラにグリース塗布	

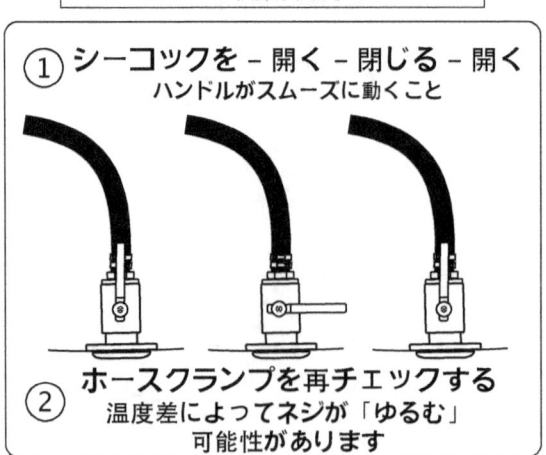

シーコック− 開閉状況をチェック

① シーコックを − 開く − 閉じる − 開く
ハンドルがスムーズに動くこと

② ホースクランプを再チェックする
温度差によってネジが「ゆるむ」可能性があります

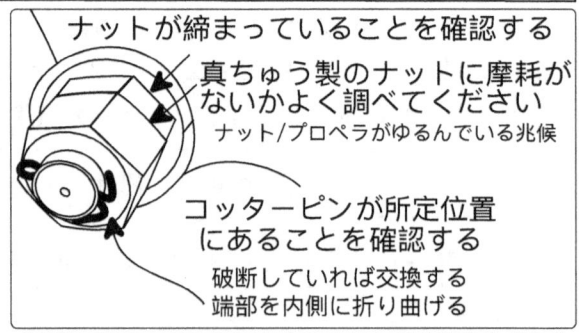

ナットが締まっていることを確認する

真ちゅう製のナットに摩耗がないかよく調べてください
ナット/プロペラがゆるんでいる兆候

コッターピンが所定位置にあることを確認する
破断していれば交換する
端部を内側に折り曲げる

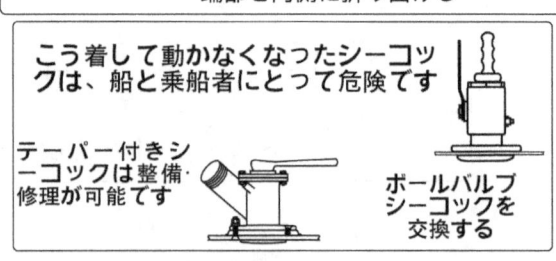

こう着して動かなくなったシーコックは、船と乗船者にとって危険です

テーパー付きシーコックは整備・修理が可能です

ボールバルブシーコックを交換する

セイルドライブ – メンテナンス作業とスケジュール

毎日の作業	
セイルドライブのギアオイルレベルのチェック・補充	

毎月の作業	
塗装保護部の点検・補修	
原水取入口の清掃	

アウトドライブ防食 アノードは、塗装面の損傷から保護するためのものではなく金属面を腐食から保護するためのものです。

防食アノードの方がより速く消耗されます

ペイント被覆面のすべての損傷を修復します

アッパーユニットとロワーユニットは独自のアノードによって保護されています

特定のモデルのアノードの正確な取付場所については、セイルドライブマニュアルを参照してください

メンテナンスチェックリスト

船舶が水中にいる状態でこのアノードを取り外さないでください
原水冷却回路の一部

100～250 時間毎*の作業	
ロワーユニット内のオイル交換	
ロワーユニット内のオイル交換	

*マニュアルに記載された製造元の推奨に従ってください

6ケ月毎の作業	
セイルドライブのアノードの点検	

毎年の作業	
外装ゴム製シールリングの点検	
内装ゴム製シールリングとウオーターセンサー警報の点検	
プロペラの点検	
フェザリングプロペラにグリース塗布	

メンテナンスメモ

メンテナンスメモ

メンテナンス
チェックリスト

点検項目一覧

デッキ燃料フィルフィッティングの点検	38
エンジンオイルディップスティック診断	39
ギアボックス/トランスミッション液ディップスティック診断	40
吊り下がりディップスティック？正しい位置を確認する	41
ホースとホースクランプの点検	41
配線とターミナルの点検	42
原水ポンプの点検	43
ゴム製インペラーの点検	43
防食アノードの点検	44
古いホースを使用したチェイフプロテクション（擦れ防止）	44
クーラント液/不凍液の点検	44
ベルトの点検	45
ベルトの張りの点検	46
プーリーの点検	47
シャフトカップリングの点検	48
プロペラシャフトの点検	49
ベルトの張りの点検	49
ドリップレスシャフトシールの点検	50
従来のスタッフィングボックスのゴムホースの点検	50
ゴム製カットラスベアリングの点検	51
シャフトストラットの点検	52
プロペラの点検	52
セイルドライブ－内部ゴム製シールリングとウオーターセンサーアラームの点検	53

デッキ燃料フィルフィッティングの点検

エンジンオイルディップスティック診断

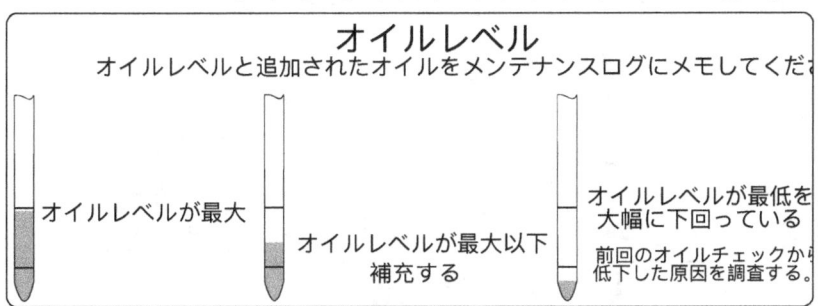

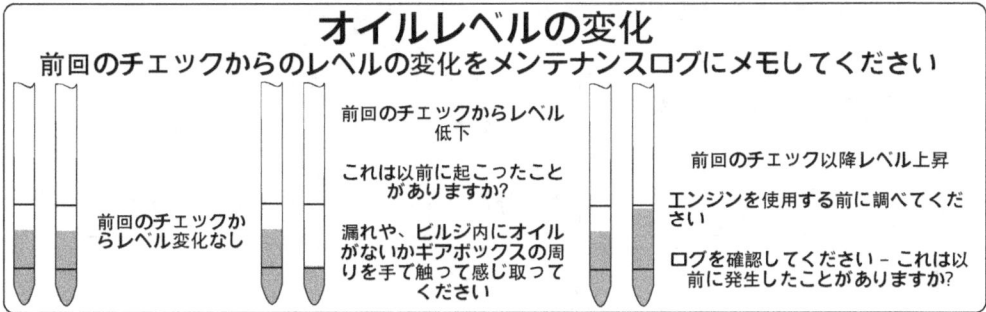

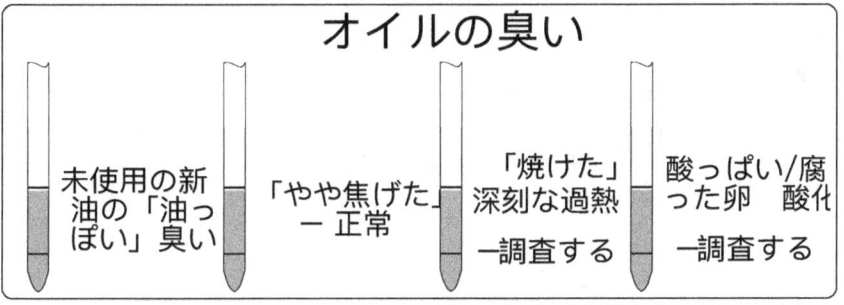

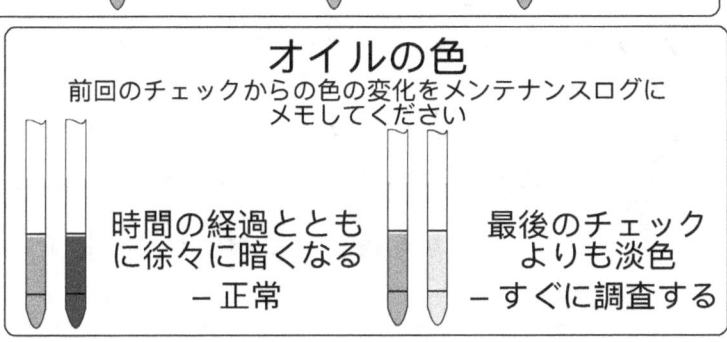

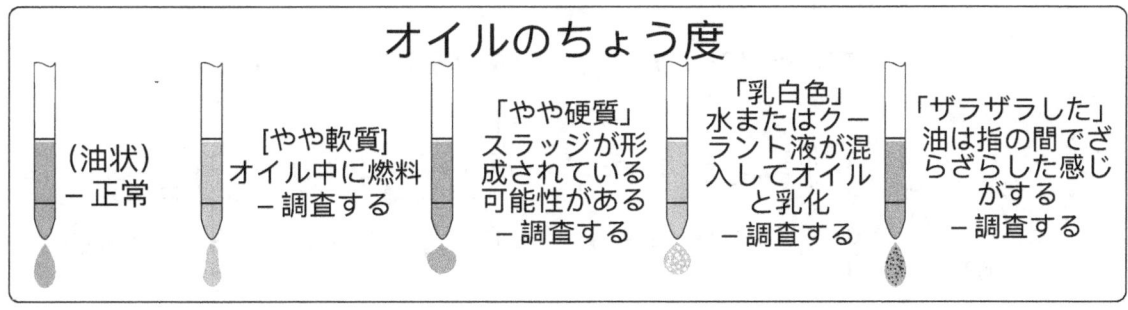

点検

ギアボックス/トランスミッション液ディップスティック診断

ATFレベル
前回のチェックからの色の変化をメンテナンスログにメモしてください

- **最大で**
- **最大以下** — 期間内に使用された（通常最後にATFが充填された時点以降使用された）ATF量をログにメモしてください
- **最低レベル** — 再度トランスミッションを使用する直前に調査する。ギアボックスの周囲を手で触り、漏れやシール不良を確認す

レベルの変化
前回のチェックからのレベルの変化をメンテナンスログにメモしてください

- **レベルは変わらない**
- **レベル低下** — 以前に起こったか? ログをチェック。摩耗したシール漏れの原因を調査する
- **レベル上昇** — 以前に起こったか? ログをチェック。再度使用する前に原因を調べる

臭い
前回のチェックからの臭いの変化をメンテナンス ログにメモしてください。

- **新品** — ATF –「スイート」、オイル –「油っぽい」。正常
- **「少し焦げた」** — 過熱。使用中モニターする
- **「焦げたプラスチック」** — 深刻な過熱。次回使用前に調べる

ちょう度
前回チェックからの変化をメンテナンスログブックメモする

- **（油状）** 正常
- **（やや軟質）** 汚染された。熱交換器内の漏れを調査する
- **（やや硬質）汚染された** スラッジ形成している可能性がある。過熱。ATF交換時期が過ぎている
- **（乳白色）** ATF中の原水。漏れの発生源を調査する
- **（ザラザラした）** 金属粒子。再使用前に調査する

色
色の変化をメンテナンス ログにメモしてください

- 大抵のATFはチェリーレッド、一部トランスミッションはエンジンオイル（はちみつ色）。新品のときはクリアで明るい
- 時間とともにわずかな黒ずみ – 正常
- 曇ったように暗い。過熱の可能性。モニターする
- 最後の変化以降、突然黒ずんでくる – 過熱。すぐに調査する
- 時間の経過とともに明るい色に変わる – 汚染。すぐに調査する

吊り下がりディップスティック？ 正しい位置を確認す

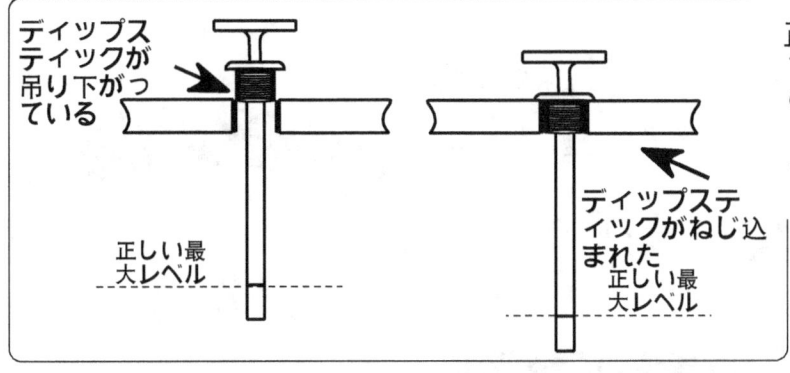

正しいATFレベルを確認するためにギアボックスのディップスティックを「吊り下げる」必要があるかどうかをマニュアルで確認してください

ホースとホースクランプの点検

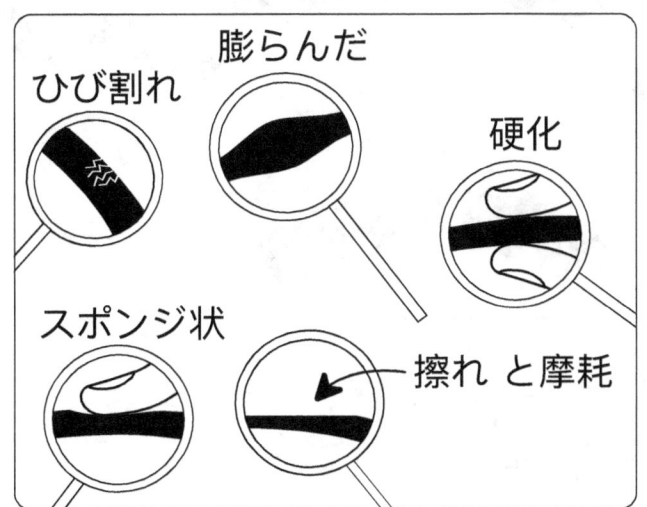

- ひび割れ
- 膨らんだ
- 硬化
- スポンジ状
- 擦れと摩耗

点検

① ベストプラクティスは、少なくとも3ケ月ごとにすべてのホースクランプを定期的に点検することです。
特にアクセスが難しく、見落とされがちなもの

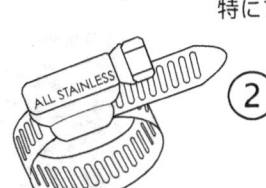

② ねじを回したときにホースバンドが動くことを確認する
クランプは無理に締めなくても、ぴったりと締まっている必要がある

③ ネジは回るがバンドが固まっている場合は、ホースクランプを交換する
多くの場合、隙間腐食によって引き起こされます

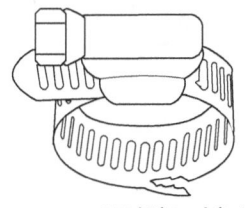

④ バンドが破れていれば、ホースクランプを交換してください

⑤ 下側に錆がないかチェックしてください
ステンレスは錆びません

配線とターミナルの点検

損傷したワイヤはトラブルを助長する
腐食、電気抵抗
ワイヤストランドを弱める
迷走電流の経路
電気的障害、断続的な障害

ベストプラクティスは、高品質のマリングレードの配線を使用し、サポート材を用いて、慎重に引き回し、燃料、オイル、グリースから保護すること。

ディーゼル燃料、オイル、グリース
絶縁を弱める
ワイヤをきれいに保つ

浮遊ワイヤ
迷走電流と断続的な障害の根源

擦れと摩耗
気付かれないことが多い
ワイヤに沿って触って感じ取ってください
チェイフプロテクション（擦れプロテクション）を使用してください

ひび割れ
湿気の侵入を許す
経年劣化や熱により引き起こされる

溶融
排気に触れる
エンジンのオーバーヒート
アンペアに対してワイヤが小さすぎる過度の負荷抵抗

切り傷、小さい欠け目と裂け目
湿気の侵入を許す
迷走電流と断続的な障害の根源

低品質の配線を使用して、敷設プラクティスが不良であると、海洋環境で問題が発生することは避けられません

チューブが短いと熱収縮したときにワイヤストランドを十分にカバーできず水分が滲みだす

ギャップ - 不適切な取り付けにより湿気が侵入する
ワイヤが弱い箇所でたわむ

浮遊ストランド - 不適切な取り付けにより、断続的な障害と迷走電流が発生する
切り取ってテープで覆う

断熱材のひび割れ、破れ
切り取ってテープで覆う

壊れたワイヤストランド
ワイヤの歪みまたは振動
ワイヤのルートを変更し、より多くのサポートを提供するか、より長いワイヤに交換する

原水ポンプの点検

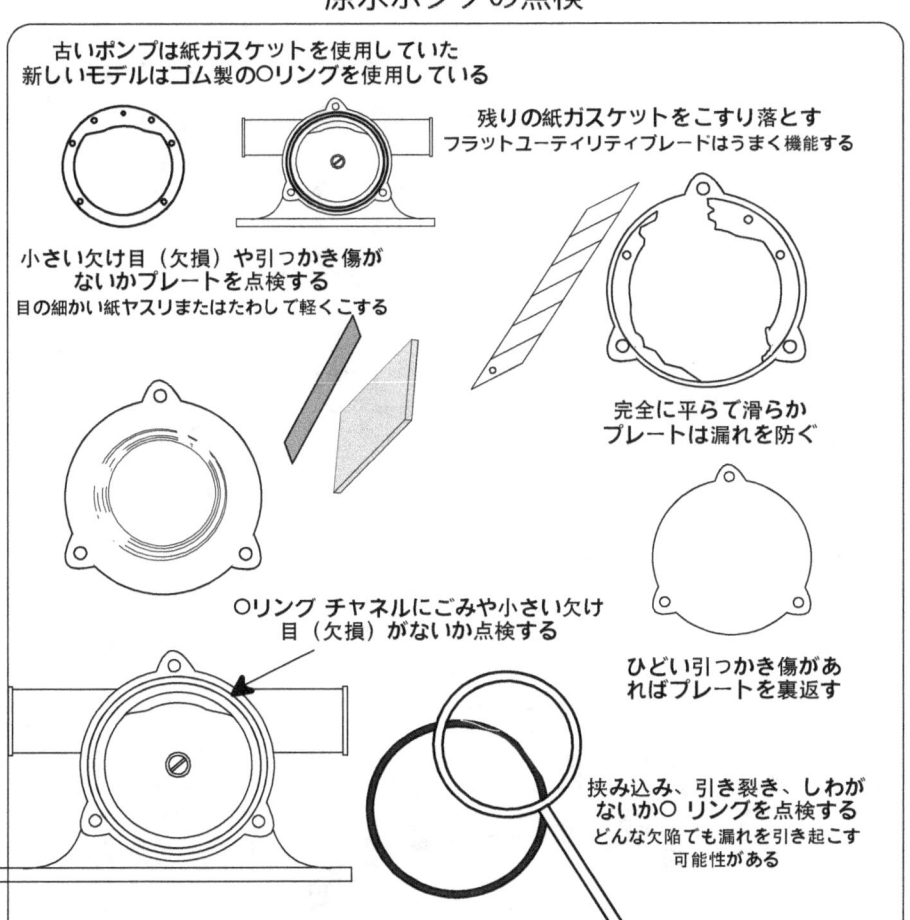

ゴム製インペラーの点検

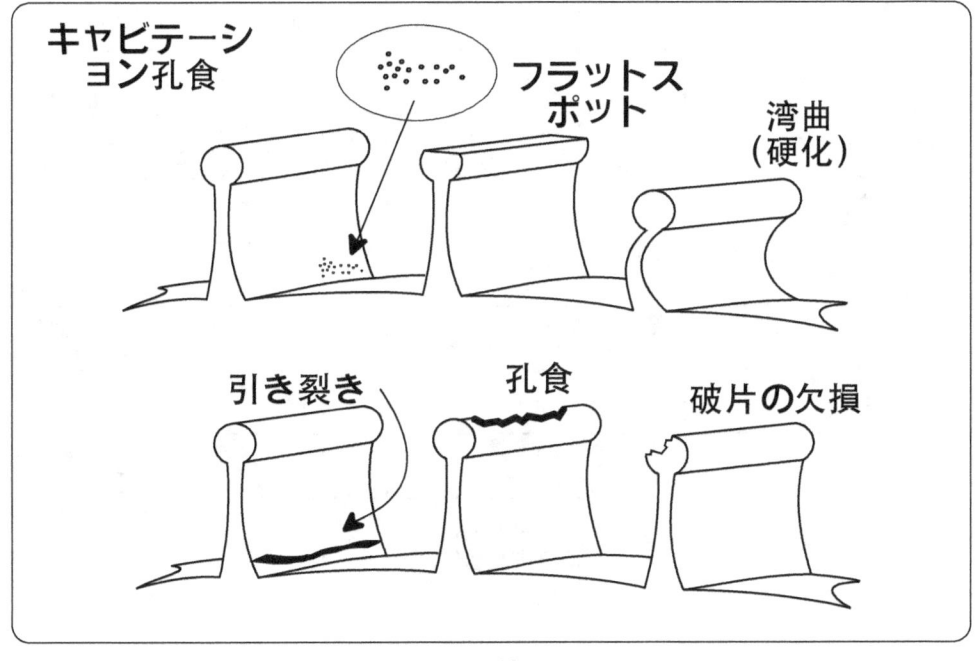

点検

防食アノードの点検

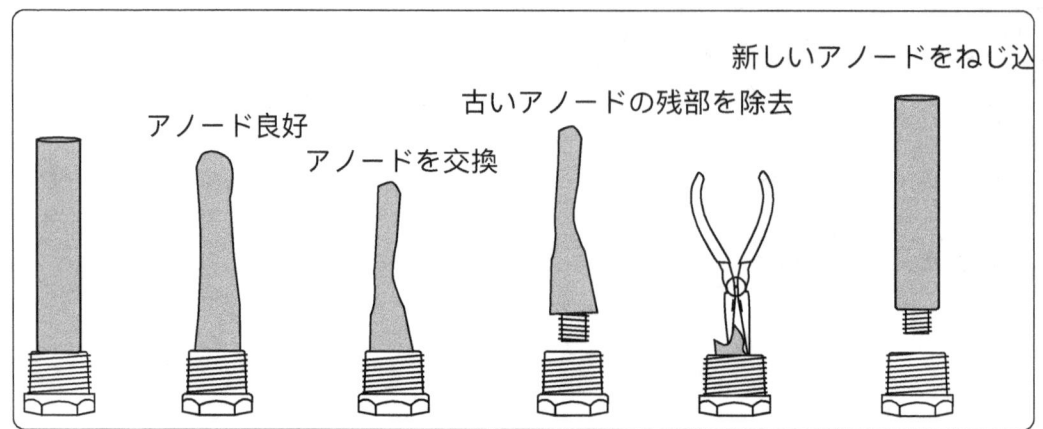

古いホースを利用したチェイフプロテクション（擦れ防止）

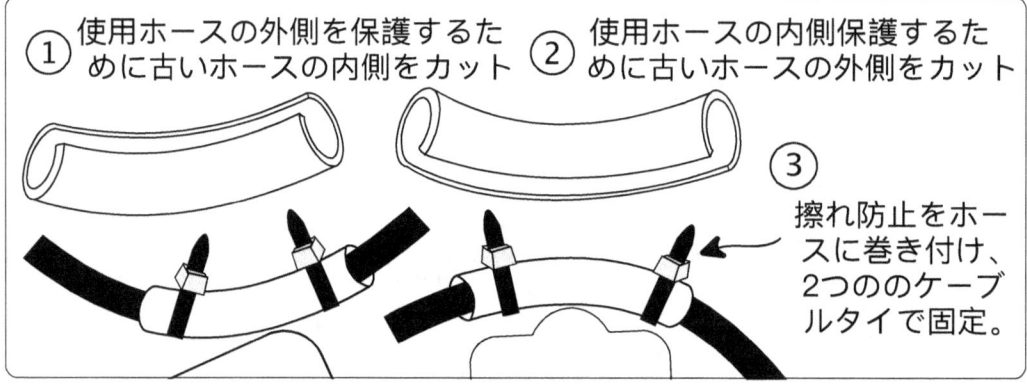

クーラント液/不凍液の点検

透明さ		必要なアクション
透明（クリア）	正常	
濁った（クラウディ）	異なるクーラント液が混合されている	排出し、フラッシュして新しいクーラント液を使用する
色		
明るい、澄んだ	正常	
茶色	異なるクーラント液が混合されている	排出し、フラッシュして新しいクーラント液を使用する
汚染		
堆積物「グリット」	添加剤、錆、スケールの析出	排出し、フラッシュして新しいクーラント液を使用する
油滴	エンジンオイルがクーラント液の中に漏れる	オイルクーラー、シリンダーの漏れ、ヘッドガスケットの漏れを調査

ベルトの点検

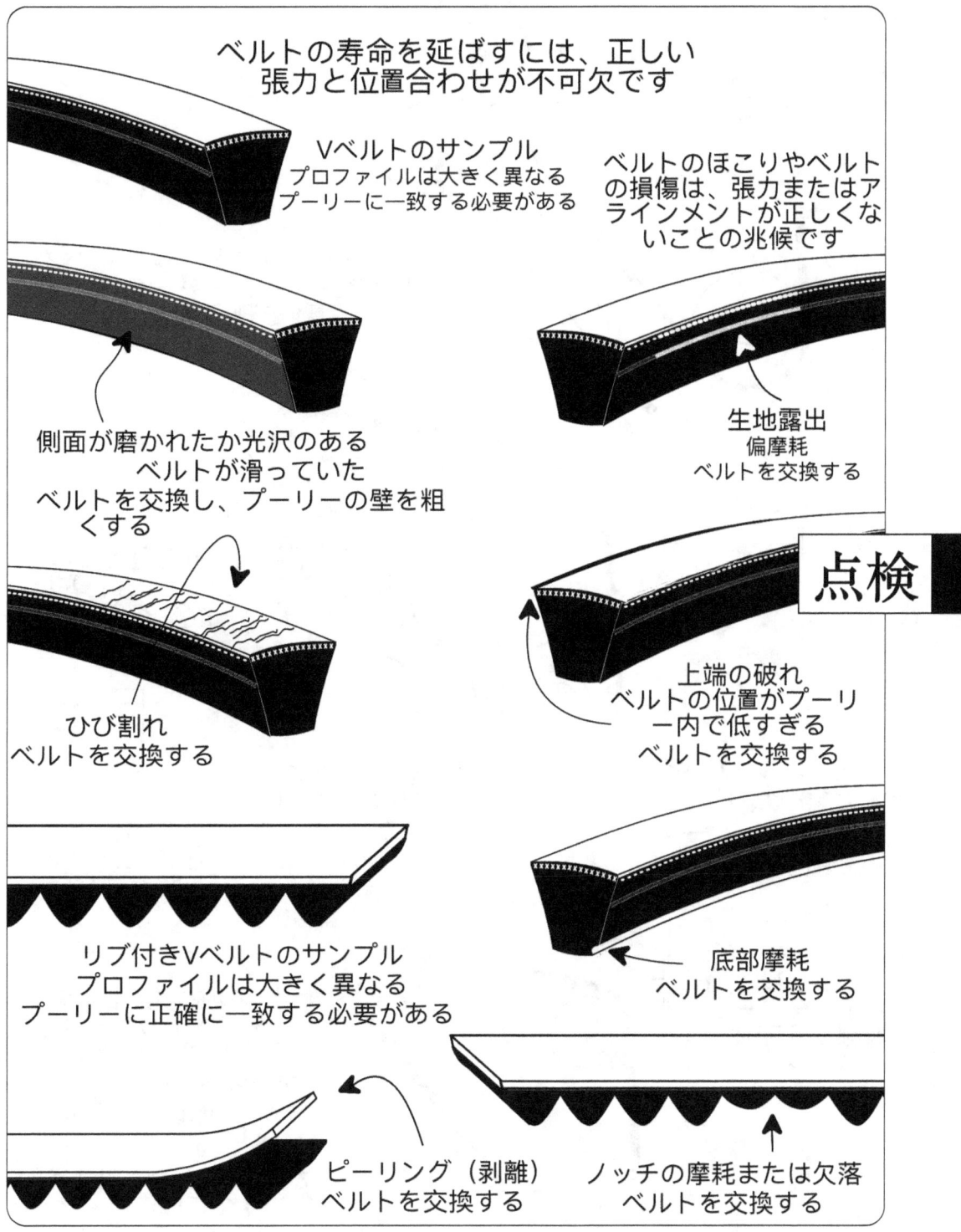

ベルトの張りの点検

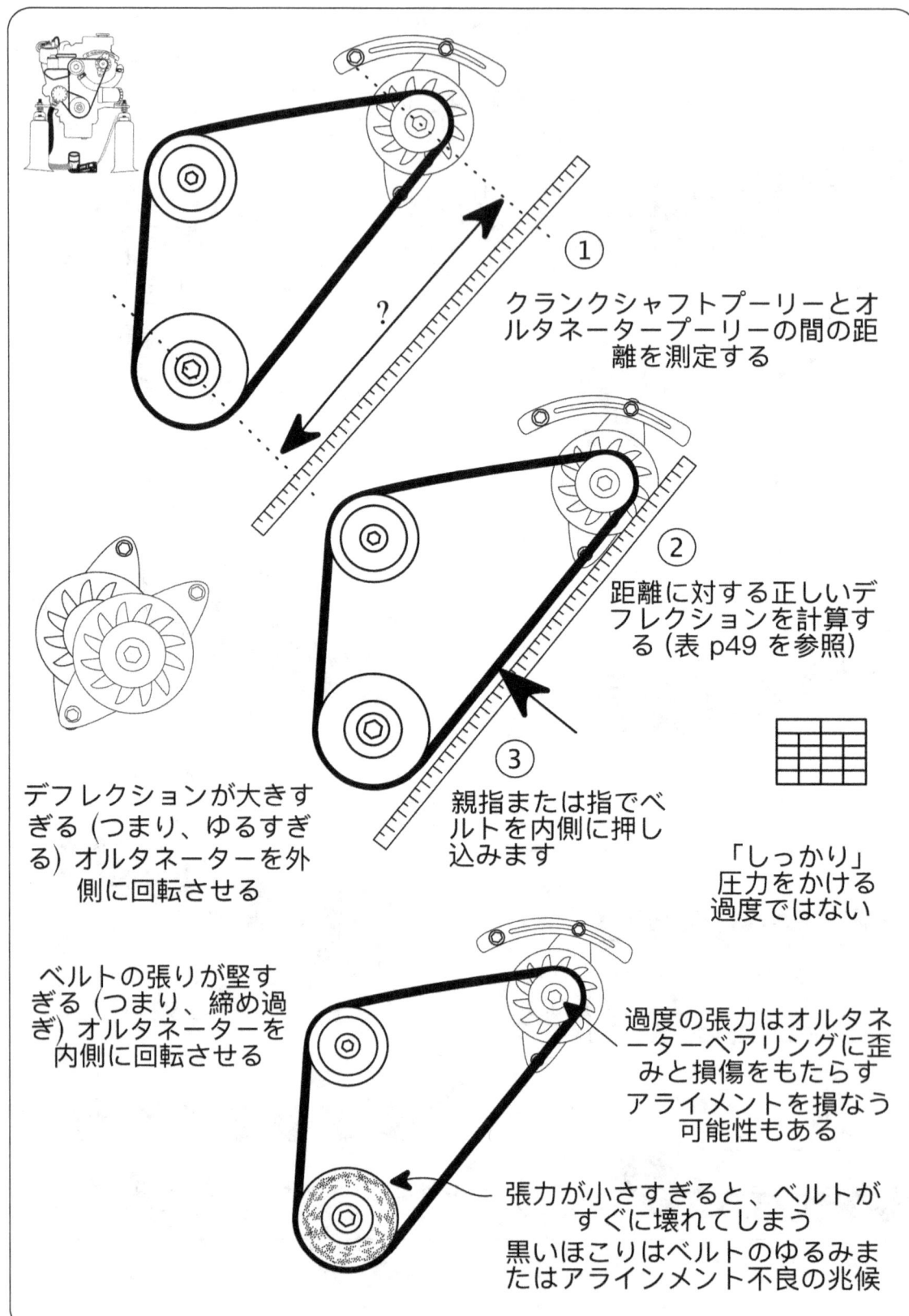

① クランクシャフトプーリーとオルタネータープーリーの間の距離を測定する

② 距離に対する正しいデフレクションを計算する（表 p49 を参照）

③ 親指または指でベルトを内側に押し込みます

「しっかり」圧力をかける 過度ではない

デフレクションが大きすぎる（つまり、ゆるすぎる）オルタネーターを外側に回転させる

ベルトの張りが堅すぎる（つまり、締め過ぎ）オルタネーターを内側に回転させる

過度の張力はオルタネーターベアリングに歪みと損傷をもたらすアライメントを損なう可能性もある

張力が小さすぎると、ベルトがすぐに壊れてしまう
黒いほこりはベルトのゆるみまたはアライメント不良の兆候

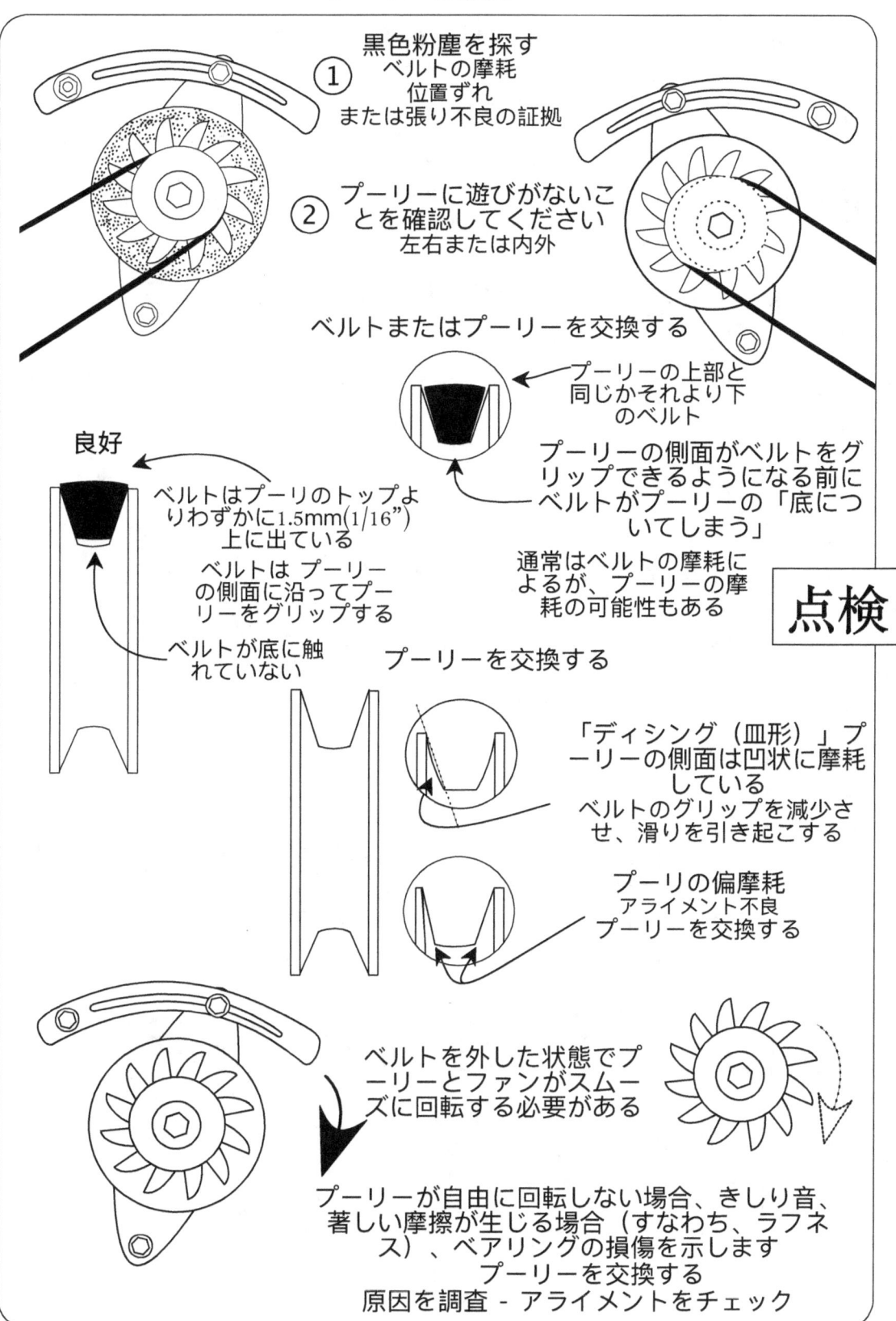

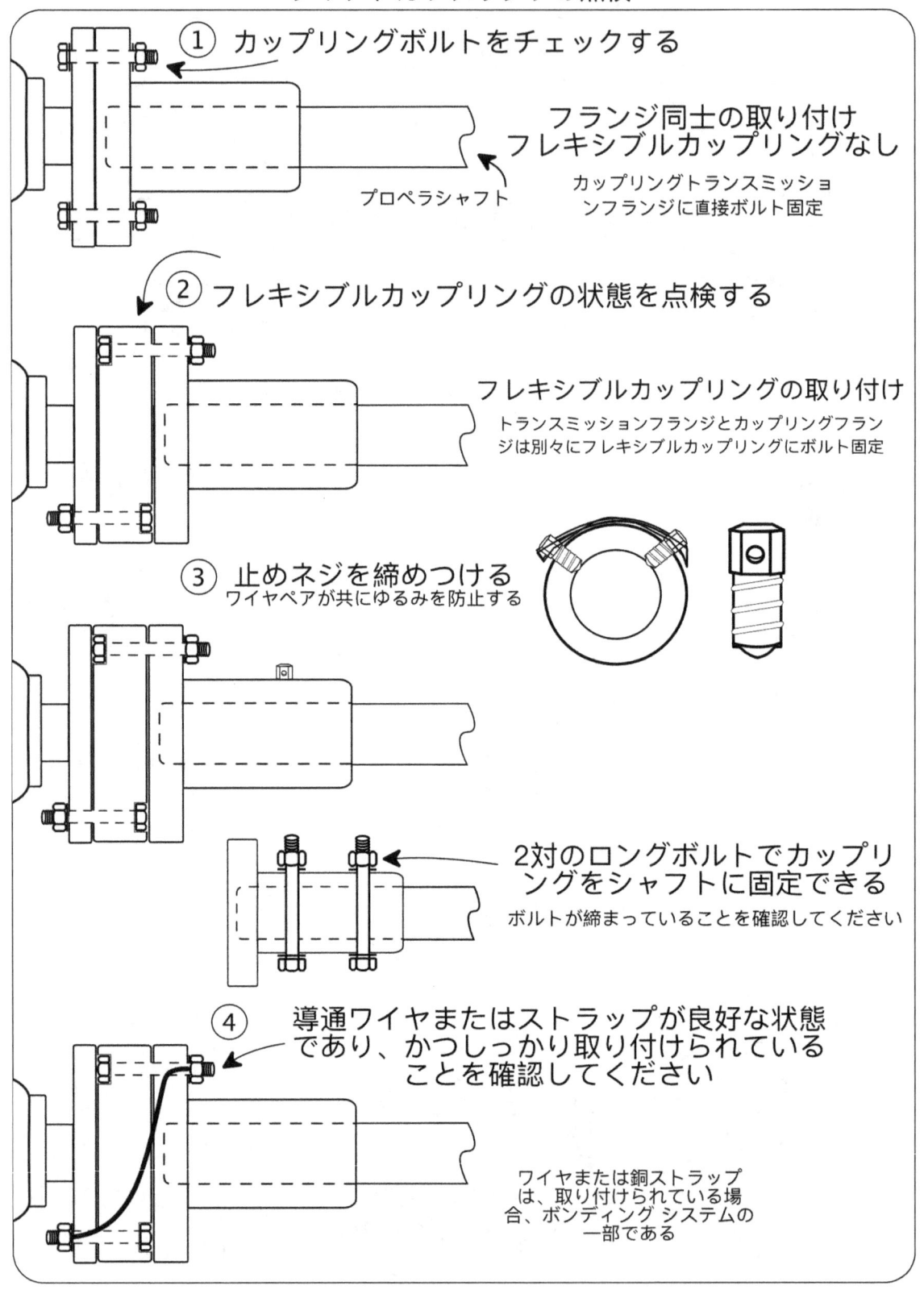

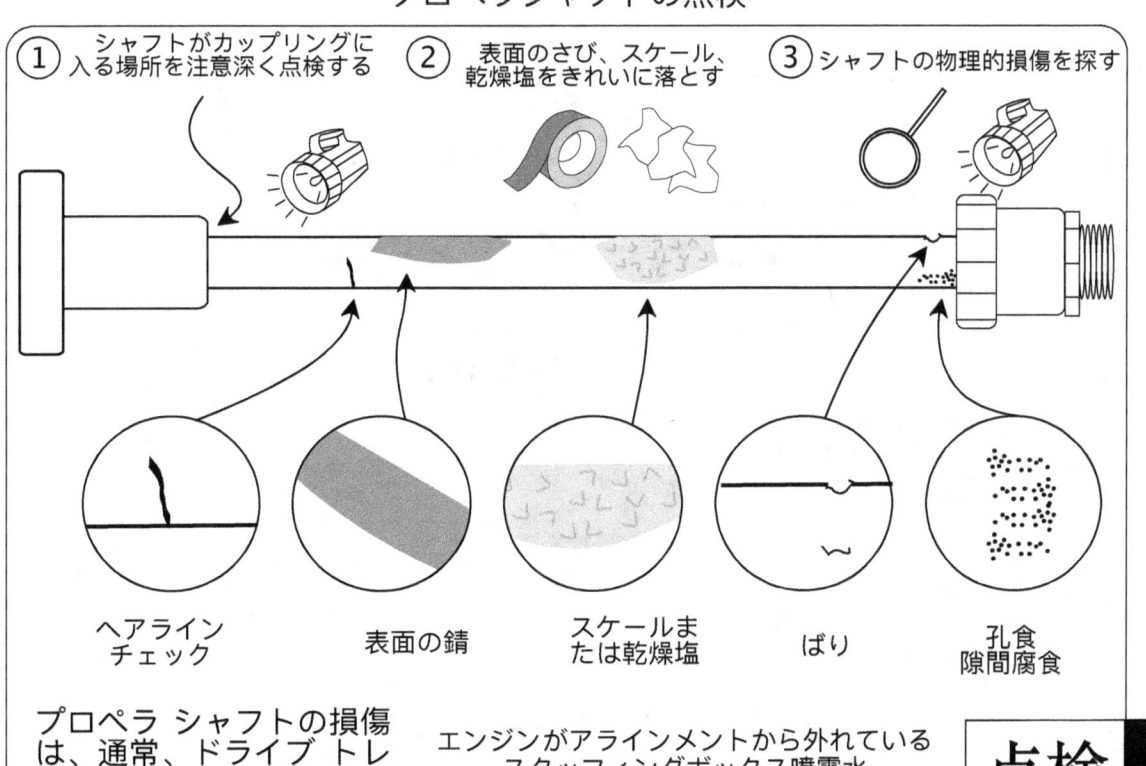

ベルトの張りの点検

プーリーの中間に親指で「しっかり」力をかける

プーリー間の距離		ベルトのデフレクション	
cm	インチ	mm	分数インチ
30	12	2 mm	3/16"
35	14	5 mm	1/4"
40	16	6.5 mm	1/4"
45	18	7.5 mm	9/32"

ドリップレスシャフトシールの点検

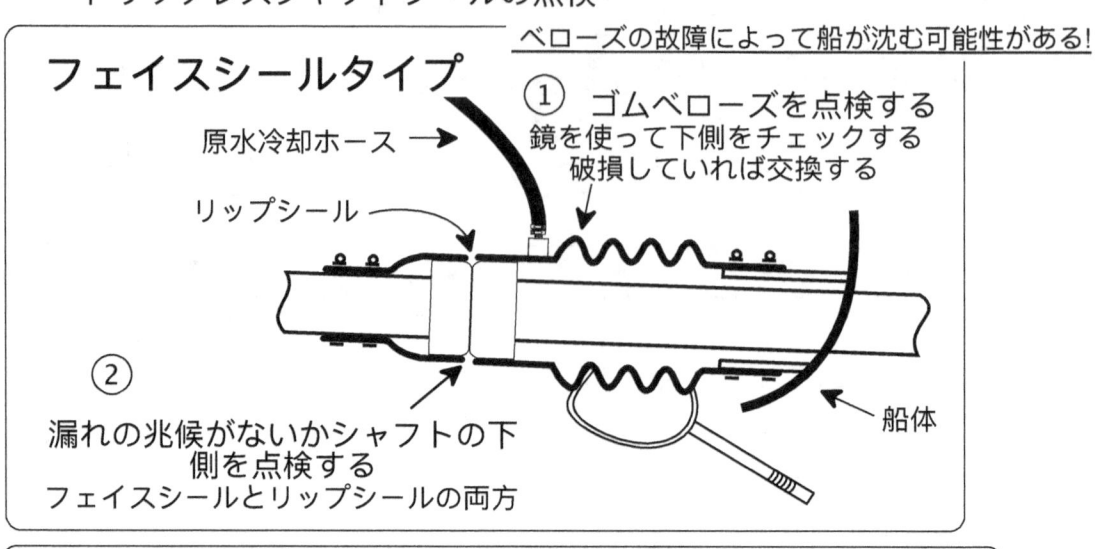

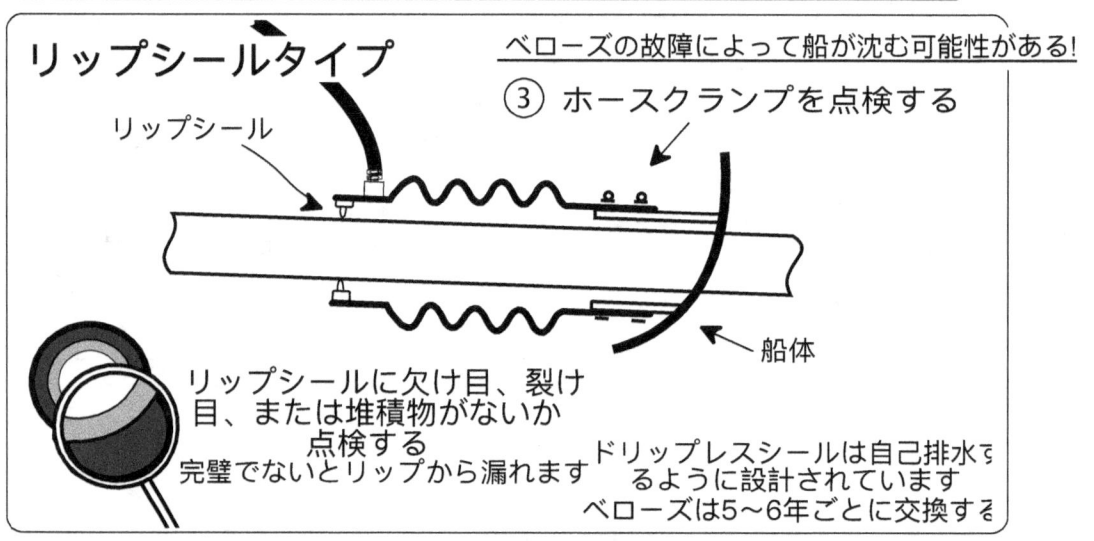

従来のスタッフィングボックスのゴムホースの点検

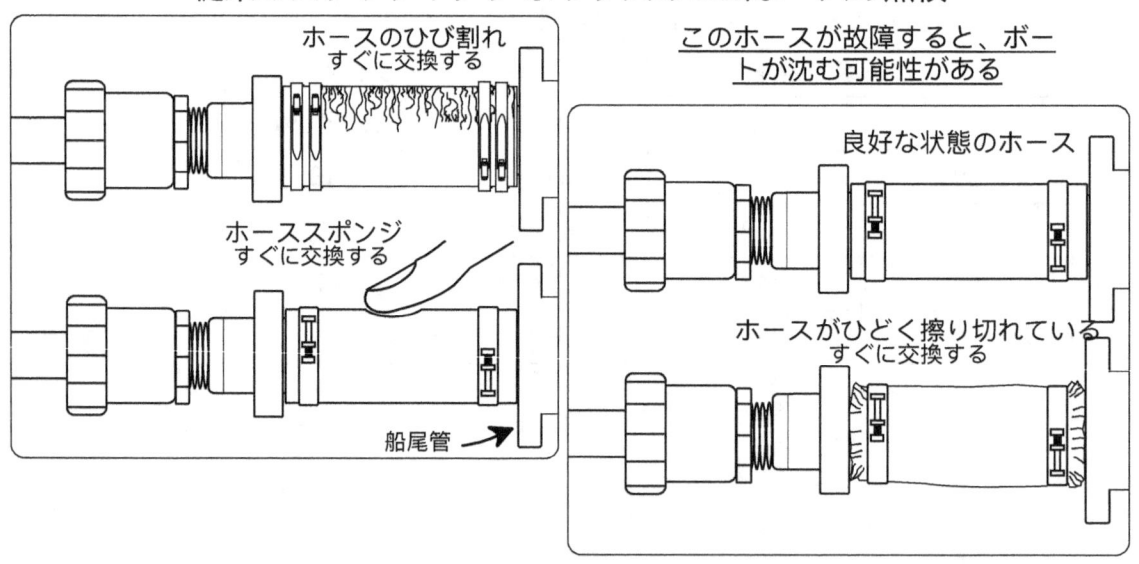

ゴム製カットラスベアリングの点検

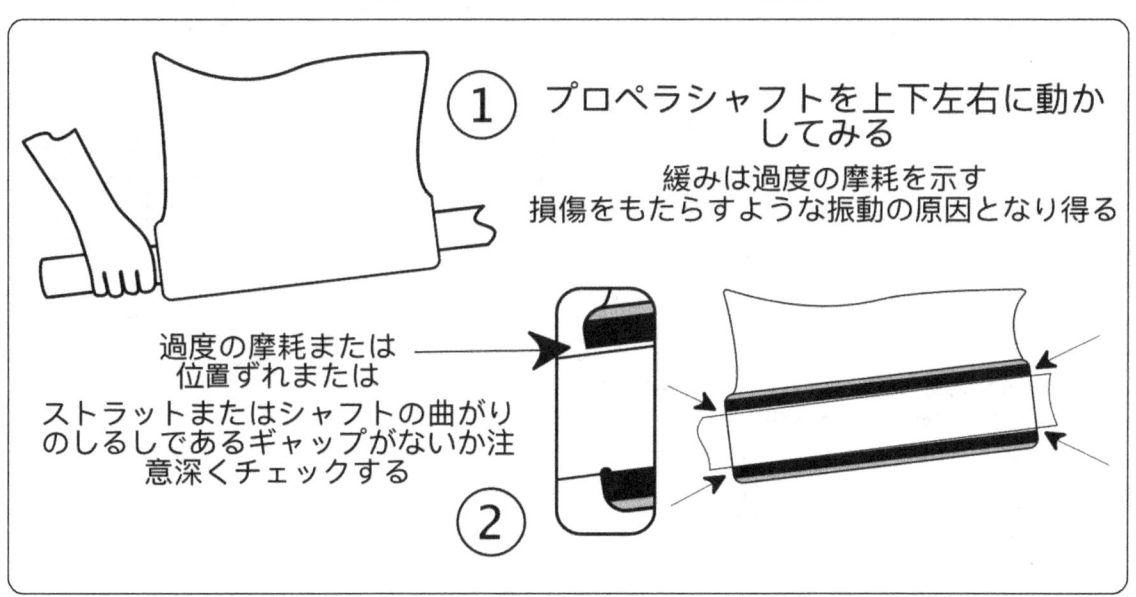

① プロペラシャフトを上下左右に動かしてみる

緩みは過度の摩耗を示す
損傷をもたらすような振動の原因となり得る

② 過度の摩耗または位置ずれまたはストラットまたはシャフトの曲がりのしるしであるギャップがないか注意深くチェックする

点検

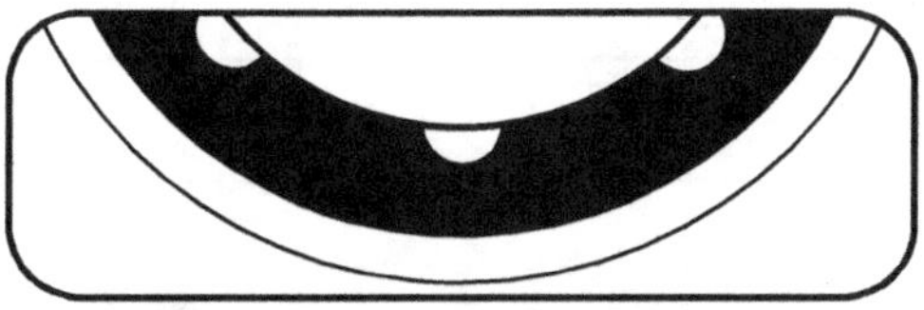

正常
新しいベアリングは、ギャップがほとんど目立たない最小の均一な状態で嵌る

過剰な摩耗
ベアリングが摩耗していると、プロペラシャフトが左右に動くことが可能になる — 緩んだ感じ

ゴムの引き裂き
ゴムが引き裂かれていれば、カットラスベアリングを交換する
ベアリングの欠陥により振動が発生する

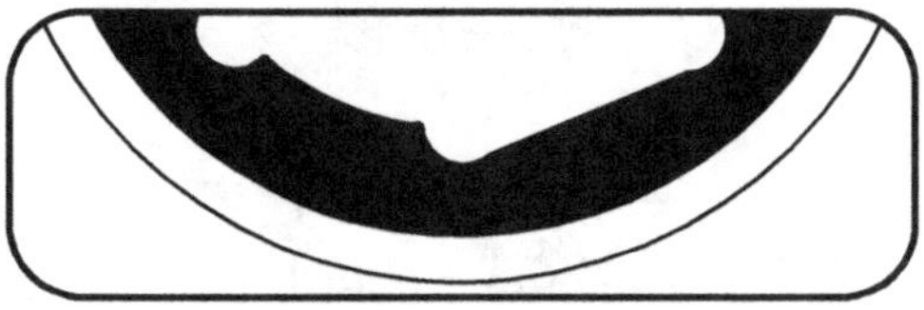

ゴムの欠損
ゴムが欠損していればカットラスベアリングを交換する
ベアリングの欠陥により振動が発生する

シャフトストラットの点検

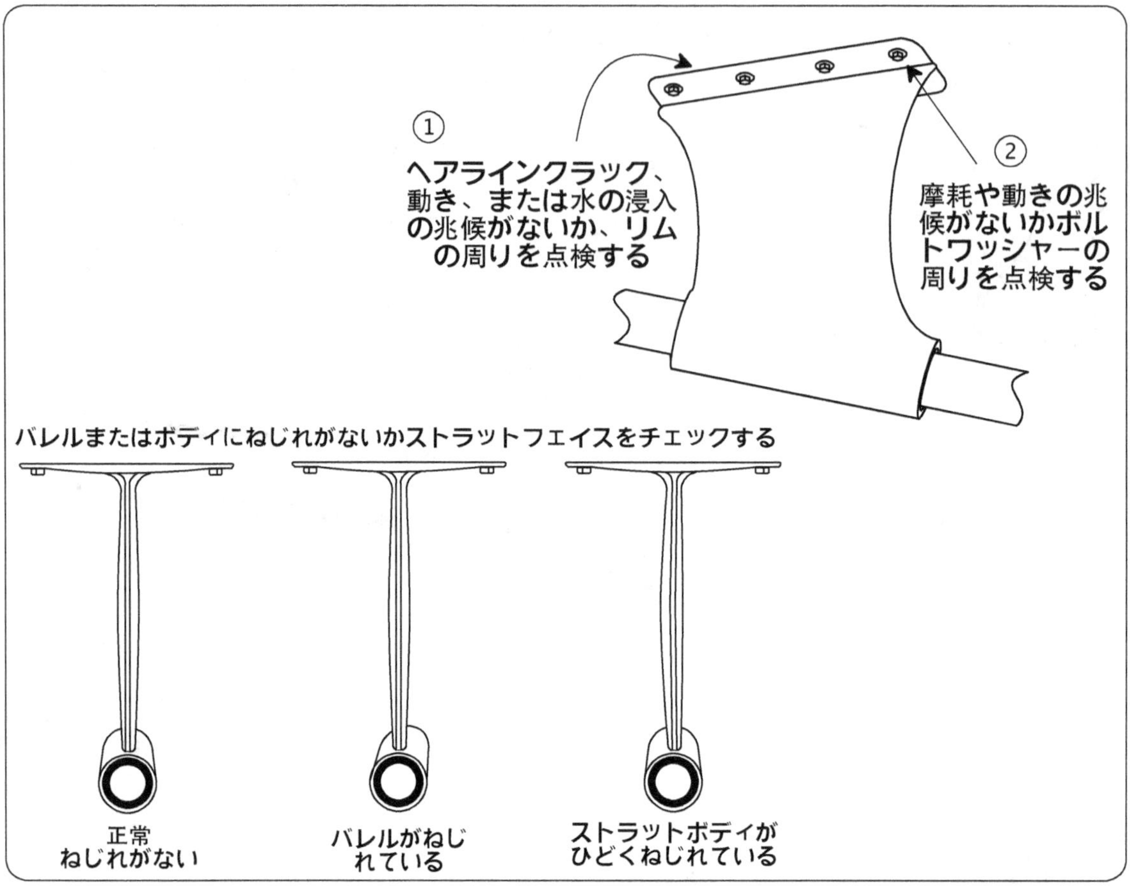

① ヘアラインクラック、動き、または水の浸入の兆候がないか、リムの周りを点検する

② 摩耗や動きの兆候がないかボルトワッシャーの周りを点検する

バレルまたはボディにねじれがないかストラットフェイスをチェックする

- 正常 ねじれがない
- バレルがねじれている
- ストラットボディがひどくねじれている

プロペラの点検

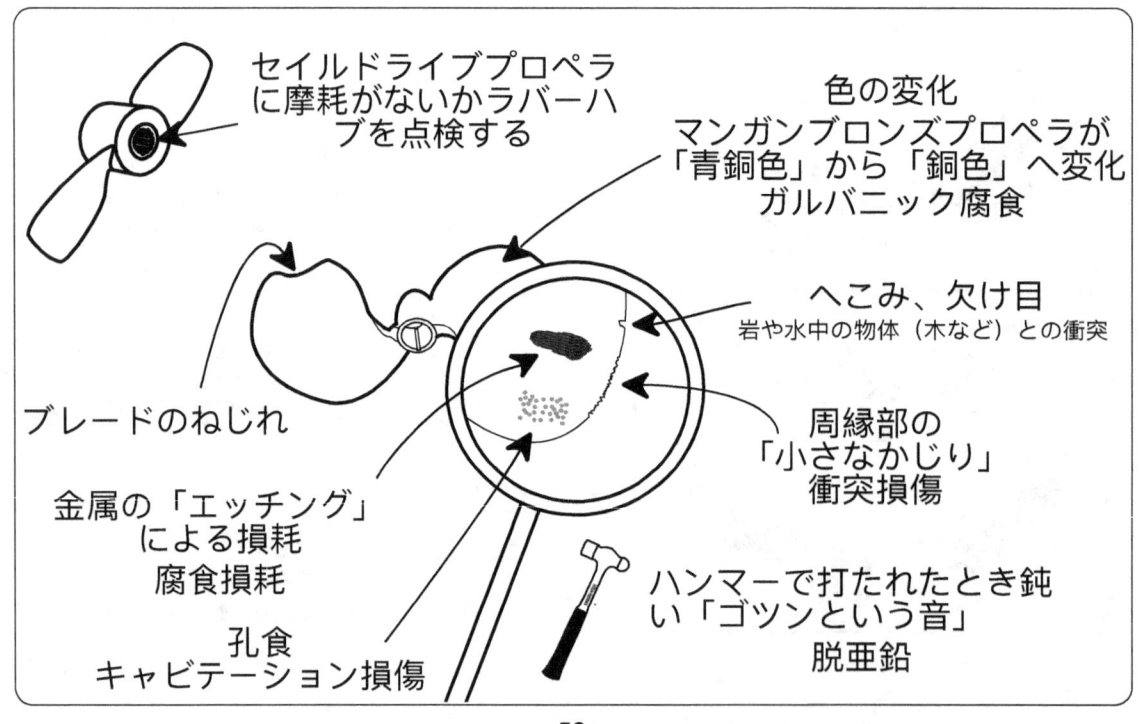

- セイルドライブプロペラに摩耗がないかラバーハブを点検する
- 色の変化 マンガンブロンズプロペラが「青銅色」から「銅色」へ変化 ガルバニック腐食
- へこみ、欠け目 岩や水中の物体（木など）との衝突
- 周縁部の「小さなかじり」衝突損傷
- ブレードのねじれ
- 金属の「エッチング」による損耗 腐食損耗
- 孔食 キャビテーション損傷
- ハンマーで打たれたとき鈍い「ゴツンという音」 脱亜鉛

セイルドライブ – 内部ゴム製シールリングとウオーターセンサーアラームの点検

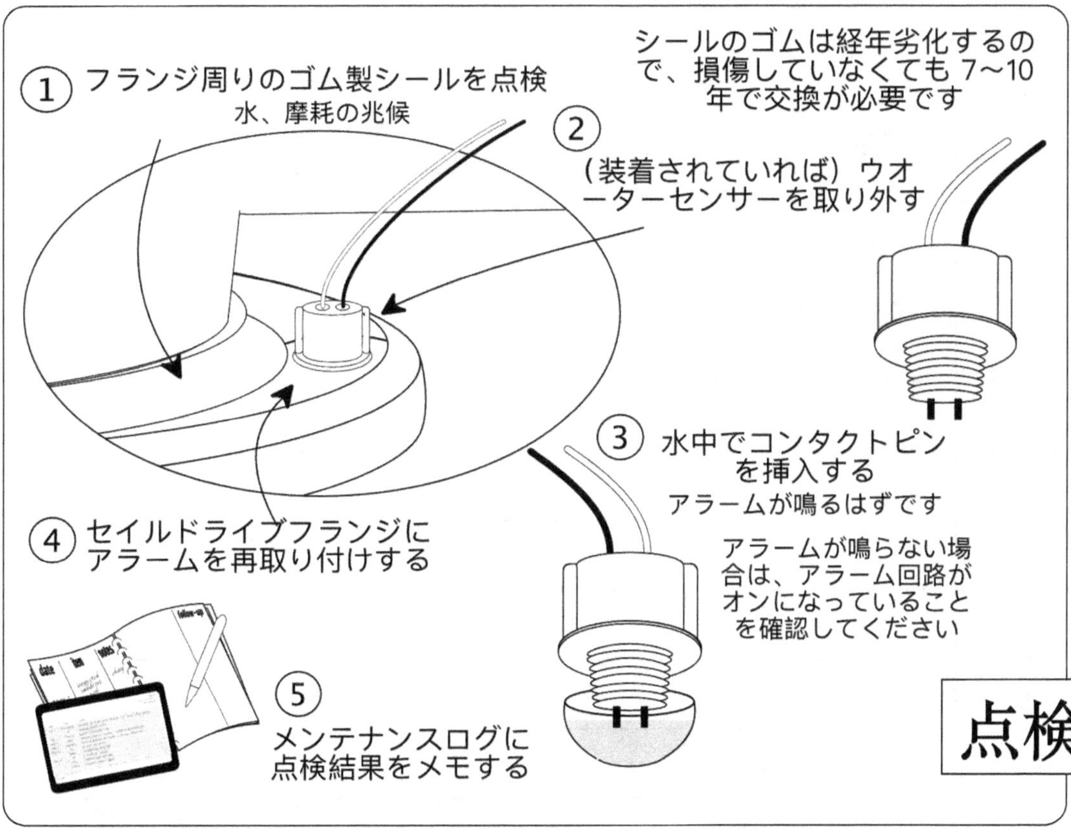

① フランジ周りのゴム製シールを点検
水、摩耗の兆候

シールのゴムは経年劣化するので、損傷していなくても7〜10年で交換が必要です

② (装着されていれば) ウオーターセンサーを取り外す

③ 水中でコンタクトピンを挿入する
アラームが鳴るはずです

アラームが鳴らない場合は、アラーム回路がオンになっていることを確認してください

④ セイルドライブフランジにアラームを再取り付けする

⑤ メンテナンスログに点検結果をメモする

点検

水密シール (内部ゴム製シールリング、ブーツ、ブラダー、シール膜)

セイルドライブ（船体を貫通する）の上部と下部の間に装着した、ゴム製ダブルメンブレン(ブーツ)は、ボートへの浸水を防ぎます。 ただし、故障が発生すると船が沈没する可能性があります。一部のモデルには、内蔵センサーとアラーム(信頼性の高い電気システムが必要です)が装備されています。ブーツは7〜10年ごとに交換する必要があります。 これは通常、ディーラーのみの手順です。

ブーツ交換を怠ると、船舶保険が無効になる場合があります。

さらに、船体の開口部周辺の乱流を低減するためにセイルドライブの周りの船体に長方形のゴム製フェアリングフランジを「接着」することができます。 この外装ブーツは水密シールの一部ではなく、水密シール（ボートの船体の内側）に影響を与えません。

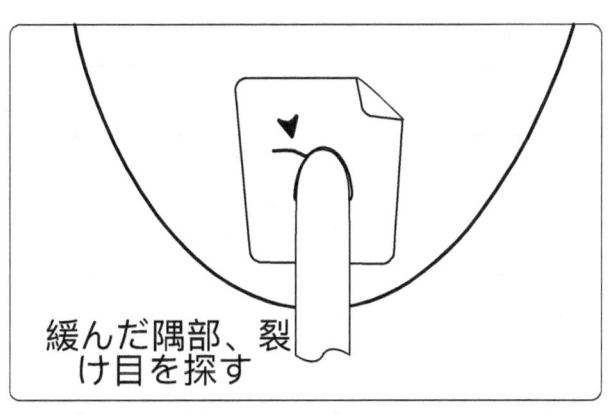

緩んだ隅部、裂け目を探す

修理は剥離性接着剤（永久的接着剤は不可）で行なうことができます - 接着性を向上させるための船体とゴムを粗面化する

ログブックへの記入

開始日 _____

日付	項目	メモ

日付	項目	メモ

ログブック

日付	項目	メモ

日付	項目	メモ

ログブック

日付	項目	メモ

日付	項目	メモ

ログブック

日付	項目	メモ

日付	項目	メモ

ログブック

日付	項目	メモ

日付	項目	メモ

ログブック

日付	項目	メモ

日付	項目	メモ

ログブック

日付	項目	メモ

日付	項目	メモ

ログブック

日付	項目	メモ

日付	項目	メモ

ログブック

日付	項目	メモ

日付	項目	メモ

ログブック

日付	項目	メモ

日付	項目	メモ

ログブック

日付	項目	メモ

日付	項目	メモ

ログブック

日付	項目	メモ

日付	項目	メモ

ログブック

日付	項目	メモ

日付	項目	メモ

ログブック

日付	項目	メモ

日付	項目	メモ

ログブック

日付	項目	メモ

日付	項目	メモ

ログブック

日付	項目	メモ

日付	項目	メモ

ログブック

日付	項目	メモ

日付	項目	メモ

ログブック

日付	項目	メモ

日付	項目	メモ

ログブック

日付	項目	メモ

日付	項目	メモ

ログブック

日付	項目	メモ

日付	項目	メモ

ログブック

日付	項目	メモ

日付	項目	メモ

ログブック

日付	項目	メモ

日付	項目	メモ

ログブック

日付	項目	メモ

日付	項目	メモ

ログブック

日付	項目	メモ

日付	項目	メモ
		ログブック

日付	項目	メモ

日付	項目	メモ

ログブック

日付	項目	メモ

日付	項目	メモ

ログブック

日付	項目	メモ

日付	項目	メモ
		ログブック

日付	項目	メモ

日付	項目	メモ

ログブック

日付	項目	メモ

日付	項目	メモ

ログブック

日付	項目	メモ

日付	項目	メモ

ログブック

日付	項目	メモ

日付	項目	メモ

ログブック

日付	項目	メモ

日付	項目	メモ

ログブック

日付	項目	メモ

日付	項目	メモ

ログブック

日付	項目	メモ

日付	項目	メモ

ログブック

日付	項目	メモ

日付	項目	メモ

ログブック

日付	項目	メモ

日付	項目	メモ

ログブック

日付	項目	メモ

日付	項目	メモ

ログブック

日付	項目	メモ

日付	項目	メモ

ログブック

日付	項目	メモ

日付	項目	メモ

ログブック

日付	項目	メモ

日付	項目	メモ

ログブック

日付	項目	メモ

日付	項目	メモ

ログブック

日付	項目	メモ

日付	項目	メモ

ログブック

日付	項目	メモ

日付	項目	メモ

ログブック

日付	項目	メモ

日付	項目	メモ

ログブック

日付	項目	メモ

日付	項目	メモ

ログブック

日付	項目	メモ

日付	項目	メモ
		ログブック

日付	項目	メモ

日付	項目	メモ

ログブック

日付	項目	メモ

日付	項目	メモ
		ログブック

日付	項目	メモ

日付	項目	メモ

ログブック

日付	項目	メモ

日付	項目	メモ

ログブック

完了日 _____

まとめ

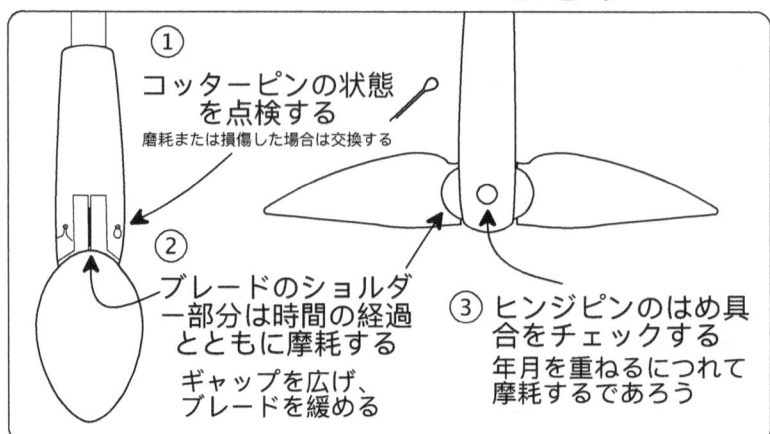

フォルディングプロペラの点検

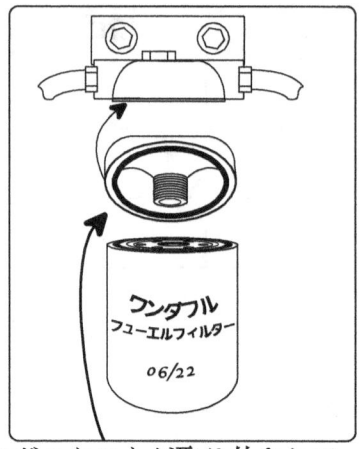

古いガスケットが取り外されていることを確認する - スピンオン二次燃料フィルター

ディーゼル燃料ログ	155
エンジンオイル交換	162
ギアボックス/トランスミッション液*の交換	166
一次燃料フィルターの交換	168
二次燃料フィルターの交換	170
原水ポンプインペラーの点検と交換	172
エンジンクーラント液/不凍液の排出と補充	174
船舶 – 全アノードの点検と交換	176
セイルドライブギアオイルの交換	178
セイルドライブ – ゴム製シールの点検と交換	180
その他の装備品	182
まとめ - メモ	184

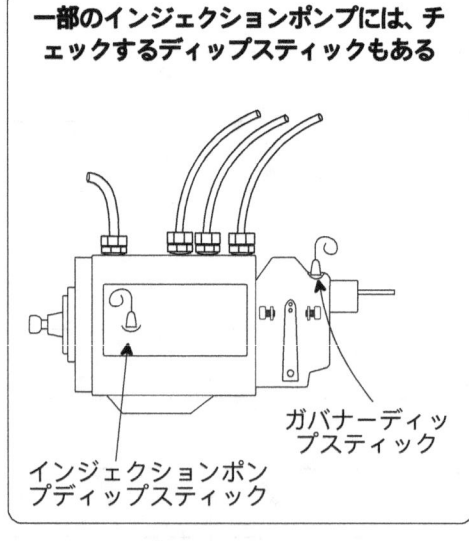

一部のインジェクションポンプには、チェックするディップスティックもある

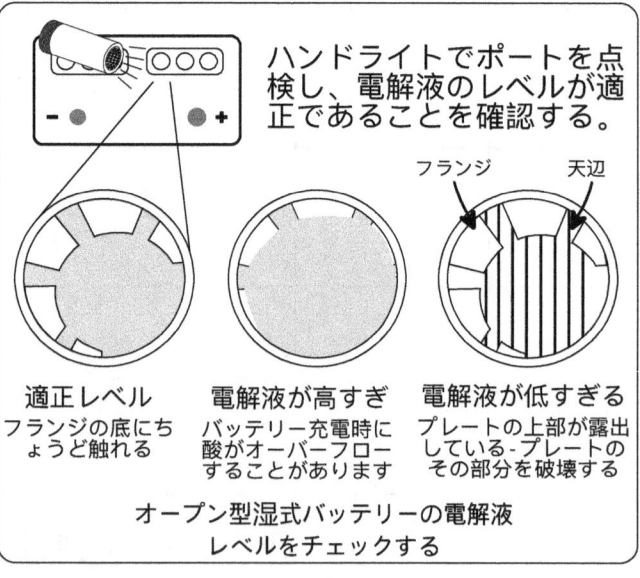

ハンドライトでポートを点検し、電解液のレベルが適正であることを確認する。

オープン型湿式バッテリーの電解液レベルをチェックする

ディーゼル燃料ログ

日付	機関運転時間	タンク番号	プレフィル 有/無	ログ頁
タンク内燃料 L	追加燃料 L		タンク内の総燃料 L	
日付	機関運転時間	タンク番号	プレフィル 有/無	ログ頁
タンク内燃料 L	追加燃料 L		タンク内の総燃料 L	
日付	機関運転時間	タンク番号	プレフィル 有/無	ログ頁
タンク内燃料 L	追加燃料 L		タンク内の総燃料 L	
日付	機関運転時間	タンク番号	プレフィル 有/無	ログ頁
タンク内燃料 L	追加燃料 L		タンク内の総燃料 L	
日付	機関運転時間	タンク番号	プレフィル 有/無	ログ頁
タンク内燃料 L	追加燃料 L		タンク内の総燃料 L	
日付	機関運転時間	タンク番号	プレフィル 有/無	ログ頁
タンク内燃料 L	追加燃料 L		タンク内の総燃料 L	

プレフィル－燃料フィルタ－漏斗を使用して事前にろ過
ログ頁－「ログブックへの記入」
L－リットル

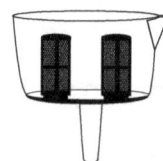
フィルター漏斗

まとめ

日付	機関運転時間	タンク番号	プレフィル 有/無	ログ頁
タンク内燃料 L	追加燃料 L		タンク内の総燃料 L	
日付	機関運転時間	タンク番号	プレフィル 有/無	ログ頁
タンク内燃料 L	追加燃料 L		タンク内の総燃料 L	
日付	機関運転時間	タンク番号	プレフィル 有/無	ログ頁
タンク内燃料 L	追加燃料 L		タンク内の総燃料 L	
日付	機関運転時間	タンク番号	プレフィル 有/無	ログ頁
タンク内燃料 L	追加燃料 L		タンク内の総燃料 L	

ディーゼル燃料ログ

メモ _____

日付	機関運転時間	タンク番号	プレフィル 有/無	ログ頁
タンク内燃料 L		追加燃料 L	タンク内の総燃料	L
日付	機関運転時間	タンク番号	プレフィル 有/無	ログ頁
タンク内燃料 L		追加燃料 L	タンク内の総燃料	L
日付	機関運転時間	タンク番号	プレフィル 有/無	ログ頁
タンク内燃料 L		追加燃料 L	タンク内の総燃料	L
日付	機関運転時間	タンク番号	プレフィル 有/無	ログ頁
タンク内燃料 L		追加燃料 L	タンク内の総燃料	L
日付	機関運転時間	タンク番号	プレフィル 有/無	ログ頁
タンク内燃料 L		追加燃料 L	タンク内の総燃料	L
日付	機関運転時間	タンク番号	プレフィル 有/無	ログ頁
タンク内燃料 L		追加燃料 L	タンク内の総燃料	L
日付	機関運転時間	タンク番号	プレフィル 有/無	ログ頁
タンク内燃料 L		追加燃料 L	タンク内の総燃料	L
日付	機関運転時間	タンク番号	プレフィル 有/無	ログ頁
タンク内燃料 L		追加燃料 L	タンク内の総燃料	L
日付	機関運転時間	タンク番号	プレフィル 有/無	ログ頁
タンク内燃料 L		追加燃料 L	タンク内の総燃料	L
日付	機関運転時間	タンク番号	プレフィル 有/無	ログ頁
タンク内燃料 L		追加燃料 L	タンク内の総燃料	L
日付	機関運転時間	タンク番号	プレフィル 有/無	ログ頁
タンク内燃料 L		追加燃料 L	タンク内の総燃料	L

ディーゼル燃料ログ

日付	機関運転時間	タンク番号	プレフィル 有/無	ログ頁
タンク内燃料 L	追加燃料 L		タンク内の総燃料 L	
日付	機関運転時間	タンク番号	プレフィル 有/無	ログ頁
タンク内燃料 L	追加燃料 L		タンク内の総燃料 L	
日付	機関運転時間	タンク番号	プレフィル 有/無	ログ頁
タンク内燃料 L	追加燃料 L		タンク内の総燃料 L	
日付	機関運転時間	タンク番号	プレフィル 有/無	ログ頁
タンク内燃料 L	追加燃料 L		タンク内の総燃料 L	
日付	機関運転時間	タンク番号	プレフィル 有/無	ログ頁
タンク内燃料 L	追加燃料 L		タンク内の総燃料 L	
日付	機関運転時間	タンク番号	プレフィル 有/無	ログ頁
タンク内燃料 L	追加燃料 L		タンク内の総燃料 L	

プレフィル – 燃料フィルタ －漏斗を使用して事前にろ過
ログ頁 – 「ログブックへの記入」
L – リットル

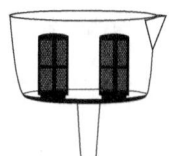
フィルター漏斗

まとめ

日付	機関運転時間	タンク番号	プレフィル 有/無	ログ頁
タンク内燃料 L	追加燃料 L		タンク内の総燃料 L	
日付	機関運転時間	タンク番号	プレフィル 有/無	ログ頁
タンク内燃料 L	追加燃料 L		タンク内の総燃料 L	
日付	機関運転時間	タンク番号	プレフィル 有/無	ログ頁
タンク内燃料 L	追加燃料 L		タンク内の総燃料 L	
日付	機関運転時間	タンク番号	プレフィル 有/無	ログ頁
タンク内燃料 L	追加燃料 L		タンク内の総燃料 L	

ディーゼル燃料ログ

メモ _____

日付	機関運転時間	タンク番号	プレフィル 有/無	ログ頁
タンク内燃料 L	追加燃料 L		タンク内の総燃料 L	
日付	機関運転時間	タンク番号	プレフィル 有/無	ログ頁
タンク内燃料 L	追加燃料 L		タンク内の総燃料 L	
日付	機関運転時間	タンク番号	プレフィル 有/無	ログ頁
タンク内燃料 L	追加燃料 L		タンク内の総燃料 L	
日付	機関運転時間	タンク番号	プレフィル 有/無	ログ頁
タンク内燃料 L	追加燃料 L		タンク内の総燃料 L	
日付	機関運転時間	タンク番号	プレフィル 有/無	ログ頁
タンク内燃料 L	追加燃料 L		タンク内の総燃料 L	
日付	機関運転時間	タンク番号	プレフィル 有/無	ログ頁
タンク内燃料 L	追加燃料 L		タンク内の総燃料 L	
日付	機関運転時間	タンク番号	プレフィル 有/無	ログ頁
タンク内燃料 L	追加燃料 L		タンク内の総燃料 L	
日付	機関運転時間	タンク番号	プレフィル 有/無	ログ頁
タンク内燃料 L	追加燃料 L		タンク内の総燃料 L	
日付	機関運転時間	タンク番号	プレフィル 有/無	ログ頁
タンク内燃料 L	追加燃料 L		タンク内の総燃料 L	
日付	機関運転時間	タンク番号	プレフィル 有/無	ログ頁
タンク内燃料 L	追加燃料 L		タンク内の総燃料 L	
日付	機関運転時間	タンク番号	プレフィル 有/無	ログ頁
タンク内燃料 L	追加燃料 L		タンク内の総燃料 L	

ディーゼル燃料ログ

日付	機関運転時間	タンク番号	プレフィル 有/無	ログ頁
タンク内燃料 L	追加燃料 L		タンク内の総燃料 L	
日付	機関運転時間	タンク番号	プレフィル 有/無	ログ頁
タンク内燃料 L	追加燃料 L		タンク内の総燃料 L	
日付	機関運転時間	タンク番号	プレフィル 有/無	ログ頁
タンク内燃料 L	追加燃料 L		タンク内の総燃料 L	
日付	機関運転時間	タンク番号	プレフィル 有/無	ログ頁
タンク内燃料 L	追加燃料 L		タンク内の総燃料 L	
日付	機関運転時間	タンク番号	プレフィル 有/無	ログ頁
タンク内燃料 L	追加燃料 L		タンク内の総燃料 L	
日付	機関運転時間	タンク番号	プレフィル 有/無	ログ頁
タンク内燃料 L	追加燃料 L		タンク内の総燃料 L	

プレフィル − 燃料フィルタ − 漏斗を使用して事前にろ過
ログ頁 − 「ログブックへの記入」
L − リットル

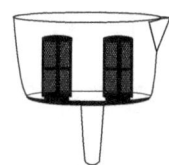

フィルタ − 漏斗

まとめ

日付	機関運転時間	タンク番号	プレフィル 有/無	ログ頁
タンク内燃料 L	追加燃料 L		タンク内の総燃料 L	
日付	機関運転時間	タンク番号	プレフィル 有/無	ログ頁
タンク内燃料 L	追加燃料 L		タンク内の総燃料 L	
日付	機関運転時間	タンク番号	プレフィル 有/無	ログ頁
タンク内燃料 L	追加燃料 L		タンク内の総燃料 L	
日付	機関運転時間	タンク番号	プレフィル 有/無	ログ頁
タンク内燃料 L	追加燃料 L		タンク内の総燃料 L	

ディーゼル燃料ログ

メモ _____

日付	機関運転時間	タンク番号	プレフィル 有/無	ログ頁
タンク内燃料 L		追加燃料 L	タンク内の総燃料 L	
日付	機関運転時間	タンク番号	プレフィル 有/無	ログ頁
タンク内燃料 L		追加燃料 L	タンク内の総燃料 L	
日付	機関運転時間	タンク番号	プレフィル 有/無	ログ頁
タンク内燃料 L		追加燃料 L	タンク内の総燃料 L	
日付	機関運転時間	タンク番号	プレフィル 有/無	ログ頁
タンク内燃料 L		追加燃料 L	タンク内の総燃料 L	
日付	機関運転時間	タンク番号	プレフィル 有/無	ログ頁
タンク内燃料 L		追加燃料 L	タンク内の総燃料 L	
日付	機関運転時間	タンク番号	プレフィル 有/無	ログ頁
タンク内燃料 L		追加燃料 L	タンク内の総燃料 L	
日付	機関運転時間	タンク番号	プレフィル 有/無	ログ頁
タンク内燃料 L		追加燃料 L	タンク内の総燃料 L	
日付	機関運転時間	タンク番号	プレフィル 有/無	ログ頁
タンク内燃料 L		追加燃料 L	タンク内の総燃料 L	
日付	機関運転時間	タンク番号	プレフィル 有/無	ログ頁
タンク内燃料 L		追加燃料 L	タンク内の総燃料 L	
日付	機関運転時間	タンク番号	プレフィル 有/無	ログ頁
タンク内燃料 L		追加燃料 L	タンク内の総燃料 L	
日付	機関運転時間	タンク番号	プレフィル 有/無	ログ頁
タンク内燃料 L		追加燃料 L	タンク内の総燃料 L	

ディーゼル燃料ログ

日付	機関運転時間	タンク番号	プレフィル 有/無	ログ頁
タンク内燃料 L	追加燃料 L		タンク内の総燃料 L	
日付	機関運転時間	タンク番号	プレフィル 有/無	ログ頁
タンク内燃料 L	追加燃料 L		タンク内の総燃料 L	
日付	機関運転時間	タンク番号	プレフィル 有/無	ログ頁
タンク内燃料 L	追加燃料 L		タンク内の総燃料 L	
日付	機関運転時間	タンク番号	プレフィル 有/無	ログ頁
タンク内燃料 L	追加燃料 L		タンク内の総燃料 L	
日付	機関運転時間	タンク番号	プレフィル 有/無	ログ頁
タンク内燃料 L	追加燃料 L		タンク内の総燃料 L	
日付	機関運転時間	タンク番号	プレフィル 有/無	ログ頁
タンク内燃料 L	追加燃料 L		タンク内の総燃料 L	

プレフィル – 燃料フィルタ
 – 漏斗を使用して事前にろ過
ログ頁 – 「ログブックへの記入」
L – リットル

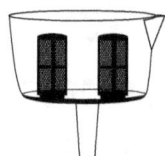
フィルタ
 – 漏斗

まとめ

日付	機関運転時間	タンク番号	プレフィル 有/無	ログ頁
タンク内燃料 L	追加燃料 L		タンク内の総燃料 L	
日付	機関運転時間	タンク番号	プレフィル 有/無	ログ頁
タンク内燃料 L	追加燃料 L		タンク内の総燃料 L	
日付	機関運転時間	タンク番号	プレフィル 有/無	ログ頁
タンク内燃料 L	追加燃料 L		タンク内の総燃料 L	
日付	機関運転時間	タンク番号	プレフィル 有/無	ログ頁
タンク内燃料 L	追加燃料 L		タンク内の総燃料 L	

エンジンオイル交換

メモ _____

日付	左/右機関	機関運転時間	フィルター品番	ログ頁
オイル排出　　　L	新油注入　　　L		オイルのブランドとグレード	
日付	左/右機関	機関運転時間	フィルター品番	ログ頁
オイル排出　　　L	新油注入　　　L		オイルのブランドとグレード	
日付	左/右機関	機関運転時間	フィルター品番	ログ頁
オイル排出　　　L	新油注入　　　L		オイルのブランドとグレード	
日付	左/右機関	機関運転時間	フィルター品番	ログ頁
オイル排出　　　L	新油注入　　　L		オイルのブランドとグレード	
日付	左/右機関	機関運転時間	フィルター品番	ログ頁
オイル排出　　　L	新油注入　　　L		オイルのブランドとグレード	
日付	左/右機関	機関運転時間	フィルター品番	ログ頁
オイル排出　　　L	新油注入　　　L		オイルのブランドとグレード	
日付	左/右機関	機関運転時間	フィルター品番	ログ頁
オイル排出　　　L	新油注入　　　L		オイルのブランドとグレード	
日付	左/右機関	機関運転時間	フィルター品番	ログ頁
オイル排出　　　L	新油注入　　　L		オイルのブランドとグレード	
日付	左/右機関	機関運転時間	フィルター品番	ログ頁
オイル排出　　　L	新油注入　　　L		オイルのブランドとグレード	
日付	左/右機関	機関運転時間	フィルター品番	ログ頁
オイル排出　　　L	新油注入　　　L		オイルのブランドとグレード	
日付	左/右機関	機関運転時間	フィルター品番	ログ頁
オイル排出　　　L	新油注入　　　L		オイルのブランドとグレード	

エンジンオイル交換

日付	左/右機関	機関運転時間	フィルター品番	ログ頁
オイル排出　　　　L	新油注入　　　　L		オイルのブランドとグレード	
日付	左/右機関	機関運転時間	フィルター品番	ログ頁
オイル排出　　　　L	新油注入　　　　L		オイルのブランドとグレード	
日付	左/右機関	機関運転時間	フィルター品番	ログ頁
オイル排出　　　　L	新油注入　　　　L		オイルのブランドとグレード	
日付	左/右機関	機関運転時間	フィルター品番	ログ頁
オイル排出　　　　L	新油注入　　　　L		オイルのブランドとグレード	
日付	左/右機関	機関運転時間	フィルター品番	ログ頁
オイル排出　　　　L	新油注入　　　　L		オイルのブランドとグレード	
日付	左/右機関	機関運転時間	フィルター品番	ログ頁
オイル排出　　　　L	新油注入　　　　L		オイルのブランドとグレード	

左/右機関 – 左舷または右舷エンジン
ログ頁 – 「ログブックへの記入」を参照
L – リットル

まとめ

日付	左/右機関	機関運転時間	フィルター品番	ログ頁
オイル排出　　　　L	新油注入　　　　L		オイルのブランドとグレード	
日付	左/右機関	機関運転時間	フィルター品番	ログ頁
オイル排出　　　　L	新油注入　　　　L		オイルのブランドとグレード	
日付	左/右機関	機関運転時間	フィルター品番	ログ頁
オイル排出　　　　L	新油注入　　　　L		オイルのブランドとグレード	
日付	左/右機関	機関運転時間	フィルター品番	ログ頁
オイル排出　　　　L	新油注入　　　　L		オイルのブランドとグレード	

エンジンオイル交換

Notes _____

日付		左/右機関	機関運転時間	フィルター品番	ログ頁
オイル排出 L		新油注入 L		オイルのブランドとグレード	
日付		左/右機関	機関運転時間	フィルター品番	ログ頁
オイル排出 L		新油注入 L		オイルのブランドとグレード	
日付		左/右機関	機関運転時間	フィルター品番	ログ頁
オイル排出 L		新油注入 L		オイルのブランドとグレード	
日付		左/右機関	機関運転時間	フィルター品番	ログ頁
オイル排出 L		新油注入 L		オイルのブランドとグレード	
日付		左/右機関	機関運転時間	フィルター品番	ログ頁
オイル排出 L		新油注入 L		オイルのブランドとグレード	
日付		左/右機関	機関運転時間	フィルター品番	ログ頁
オイル排出 L		新油注入 L		オイルのブランドとグレード	
日付		左/右機関	機関運転時間	フィルター品番	ログ頁
オイル排出 L		新油注入 L		オイルのブランドとグレード	
日付		左/右機関	機関運転時間	フィルター品番	ログ頁
オイル排出 L		新油注入 L		オイルのブランドとグレード	
日付		左/右機関	機関運転時間	フィルター品番	ログ頁
オイル排出 L		新油注入 L		オイルのブランドとグレード	
日付		左/右機関	機関運転時間	フィルター品番	ログ頁
オイル排出 L		新油注入 L		オイルのブランドとグレード	
日付		左/右機関	機関運転時間	フィルター品番	ログ頁
オイル排出 L		新油注入 L		オイルのブランドとグレード	

エンジンオイル交換

日付		左/右機関	機関運転時間	フィルター品番	ログ頁
オイル排出 L		新油注入 L		オイルのブランドとグレード	
日付		左/右機関	機関運転時間	フィルター品番	ログ頁
オイル排出 L		新油注入 L		オイルのブランドとグレード	
日付		左/右機関	機関運転時間	フィルター品番	ログ頁
オイル排出 L		新油注入 L		オイルのブランドとグレード	
日付		左/右機関	機関運転時間	フィルター品番	ログ頁
オイル排出 L		新油注入 L		オイルのブランドとグレード	
日付		左/右機関	機関運転時間	フィルター品番	ログ頁
オイル排出 L		新油注入 L		オイルのブランドとグレード	
日付		左/右機関	機関運転時間	フィルター品番	ログ頁
オイル排出 L		新油注入 L		オイルのブランドとグレード	

左/右機関 – 左舷または右舷エンジン
ログ頁 –「ログブックへの記入」を参照
L – リットル

まとめ

日付	左/右機関	機関運転時間	フィルター品番	ログ頁
オイル排出 L	新油注入 L		オイルのブランドとグレード	
日付	左/右機関	機関運転時間	フィルター品番	ログ頁
オイル排出 L	新油注入 L		オイルのブランドとグレード	
日付	左/右機関	機関運転時間	フィルター品番	ログ頁
オイル排出 L	新油注入 L		オイルのブランドとグレード	
日付	左/右機関	機関運転時間	フィルター品番	ログ頁
オイル排出 L	新油注入 L		オイルのブランドとグレード	

ギアボックス/トランスミッション液*の交換

メモ _____

日付	左/右機関	機関運転時間	ATF色	ログ頁
ATF排出 ____L	新ATF注入 ____L		ATFのブランドとタイプ	
日付	左/右機関	機関運転時間	ATF色	ログ頁
ATF排出 ____L	新ATF注入 ____L		ATFのブランドとタイプ	
日付	左/右機関	機関運転時間	ATF色	ログ頁
ATF排出 ____L	新ATF注入 ____L		ATFのブランドとタイプ	
日付	左/右機関	機関運転時間	ATF色	ログ頁
ATF排出 ____L	新ATF注入 ____L		ATFのブランドとタイプ	
日付	左/右機関	機関運転時間	ATF色	ログ頁
ATF排出 ____L	新ATF注入 ____L		ATFのブランドとタイプ	
日付	左/右機関	機関運転時間	ATF色	ログ頁
ATF排出 ____L	新ATF注入 ____L		ATFのブランドとタイプ	
日付	左/右機関	機関運転時間	ATF色	ログ頁
ATF排出 ____L	新ATF注入 ____L		ATFのブランドとタイプ	
日付	左/右機関	機関運転時間	ATF色	ログ頁
ATF排出 ____L	新ATF注入 ____L		ATFのブランドとタイプ	
日付	左/右機関	機関運転時間	ATF色	ログ頁
ATF排出 ____L	新ATF注入 ____L		ATFのブランドとタイプ	
日付	左/右機関	機関運転時間	ATF色	ログ頁
ATF排出 ____L	新ATF注入 ____L		ATFのブランドとタイプ	
日付	左/右機関	機関運転時間	ATF色	ログ頁
ATF排出 ____L	新ATF注入 ____L		ATFのブランドとタイプ	

ギアボックス/トランスミッション液*の交換

日付	左/右機関	機関運転時間	ATF色	ログ頁
ATF排出　　　　L	新ATF注入　　　　L		ATFのブランドとタイプ	
日付	左/右機関	機関運転時間	ATF色	ログ頁
ATF排出　　　　L	新ATF注入　　　　L		ATFのブランドとタイプ	
日付	左/右機関	機関運転時間	ATF色	ログ頁
ATF排出　　　　L	新ATF注入　　　　L		ATFのブランドとタイプ	
日付	左/右機関	機関運転時間	ATF色	ログ頁
ATF排出　　　　L	新ATF注入　　　　L		ATFのブランドとタイプ	
日付	左/右機関	機関運転時間	ATF色	ログ頁
ATF排出　　　　L	新ATF注入　　　　L		ATFのブランドとタイプ	
日付	左/右機関	機関運転時間	ATF色	ログ頁
ATF排出　　　　L	新ATF注入　　　　L		ATFのブランドとタイプ	

左/右機関 – 左舷または右舷エンジン
ログ頁 – 「ログブックへの記入」を参照
L – リットル

まとめ

日付	左/右機関	機関運転時間	ATF色	ログ頁
ATF排出　　　　L	新ATF注入　　　　L		ATFのブランドとタイプ	
日付	左/右機関	機関運転時間	ATF色	ログ頁
ATF排出　　　　L	新ATF注入　　　　L		ATFのブランドとタイプ	
日付	左/右機関	機関運転時間	ATF色	ログ頁
ATF排出　　　　L	新ATF注入　　　　L		ATFのブランドとタイプ	
日付	左/右機関	機関運転時間	ATF色	ログ頁
ATF排出　　　　L	新ATF注入　　　　L		ATFのブランドとタイプ	

*ATFまたはエンジンオイル、マニュアルを参照

一次燃料フィルターの交換

メモ _____

日付		左/右機関	機関運転時間	ミクロンサイズ	ログ頁
フィルターブランドと品番				古いフィルターの状態	
日付		左/右機関	機関運転時間	ミクロンサイズ	ログ頁
フィルターブランドと品番				古いフィルターの状態	
日付		左/右機関	機関運転時間	ミクロンサイズ	ログ頁
フィルターブランドと品番				古いフィルターの状態	
日付		左/右機関	機関運転時間	ミクロンサイズ	ログ頁
フィルターブランドと品番				古いフィルターの状態	
日付		左/右機関	機関運転時間	ミクロンサイズ	ログ頁
フィルターブランドと品番				古いフィルターの状態	
日付		左/右機関	機関運転時間	ミクロンサイズ	ログ頁
フィルターブランドと品番				古いフィルターの状態	
日付		左/右機関	機関運転時間	ミクロンサイズ	ログ頁
フィルターブランドと品番				古いフィルターの状態	
日付		左/右機関	機関運転時間	ミクロンサイズ	ログ頁
フィルターブランドと品番				古いフィルターの状態	
日付		左/右機関	機関運転時間	ミクロンサイズ	ログ頁
フィルターブランドと品番				古いフィルターの状態	
日付		左/右機関	機関運転時間	ミクロンサイズ	ログ頁
フィルターブランドと品番				古いフィルターの状態	
日付		左/右機関	機関運転時間	ミクロンサイズ	ログ頁
フィルターブランドと品番				古いフィルターの状態	

一次燃料フィルターの交換

日付		左/右機関	機関運転時間		ミクロンサイズ		ログ頁
フィルターブランドと品番				古いフィルターの状態			
日付		左/右機関	機関運転時間		ミクロンサイズ		ログ頁
フィルターブランドと品番				古いフィルターの状態			
日付		左/右機関	機関運転時間		ミクロンサイズ		ログ頁
フィルターブランドと品番				古いフィルターの状態			
日付		左/右機関	機関運転時間		ミクロンサイズ		ログ頁
フィルターブランドと品番				古いフィルターの状態			
日付		左/右機関	機関運転時間		ミクロンサイズ		ログ頁
フィルターブランドと品番				古いフィルターの状態			
日付		左/右機関	機関運転時間		ミクロンサイズ		ログ頁
フィルターブランドと品番				古いフィルターの状態			

左/右機関 – 左舷または右舷エンジン
ログ頁 – 「ログブックへの記入」を参照

まとめ

日付	左/右機関	機関運転時間	ミクロンサイズ	ログ頁
フィルターブランドと品番			古いフィルターの状態	
日付	左/右機関	機関運転時間	ミクロンサイズ	ログ頁
フィルターブランドと品番			古いフィルターの状態	
日付	左/右機関	機関運転時間	ミクロンサイズ	ログ頁
フィルターブランドと品番			古いフィルターの状態	
日付	左/右機関	機関運転時間	ミクロンサイズ	ログ頁
フィルターブランドと品番			古いフィルターの状態	

二次燃料フィルターの交換

メモ _____

日付	左/右機関	機関運転時間	ミクロンサイズ	ログ頁
フィルターブランドと品番		古いフィルターの状態		
日付	左/右機関	機関運転時間	ミクロンサイズ	ログ頁
フィルターブランドと品番		古いフィルターの状態		
日付	左/右機関	機関運転時間	ミクロンサイズ	ログ頁
フィルターブランドと品番		古いフィルターの状態		
日付	左/右機関	機関運転時間	ミクロンサイズ	ログ頁
フィルターブランドと品番		古いフィルターの状態		
日付	左/右機関	機関運転時間	ミクロンサイズ	ログ頁
フィルターブランドと品番		古いフィルターの状態		
日付	左/右機関	機関運転時間	ミクロンサイズ	ログ頁
フィルターブランドと品番		古いフィルターの状態		
日付	左/右機関	機関運転時間	ミクロンサイズ	ログ頁
フィルターブランドと品番		古いフィルターの状態		
日付	左/右機関	機関運転時間	ミクロンサイズ	ログ頁
フィルターブランドと品番		古いフィルターの状態		
日付	左/右機関	機関運転時間	ミクロンサイズ	ログ頁
フィルターブランドと品番		古いフィルターの状態		
日付	左/右機関	機関運転時間	ミクロンサイズ	ログ頁
フィルターブランドと品番		古いフィルターの状態		
日付	左/右機関	機関運転時間	ミクロンサイズ	ログ頁
フィルターブランドと品番		古いフィルターの状態		

二次燃料フィルターの交換

日付		左/右機関	機関運転時間	ミクロンサイズ		ログ頁
フィルターブランドと品番				古いフィルターの状態		
日付		左/右機関	機関運転時間	ミクロンサイズ		ログ頁
フィルターブランドと品番				古いフィルターの状態		
日付		左/右機関	機関運転時間	ミクロンサイズ		ログ頁
フィルターブランドと品番				古いフィルターの状態		
日付		左/右機関	機関運転時間	ミクロンサイズ		ログ頁
フィルターブランドと品番				古いフィルターの状態		
日付		左/右機関	機関運転時間	ミクロンサイズ		ログ頁
フィルターブランドと品番				古いフィルターの状態		
日付		左/右機関	機関運転時間	ミクロンサイズ		ログ頁
フィルターブランドと品番				古いフィルターの状態		

左/右機関 – 左舷または右舷エンジン
ログ頁 – 「ログブックへの記入」を参照

素晴らしい燃料フィルター

まとめ

日付	左/右機関	機関運転時間	ミクロンサイズ	ログ頁
フィルターブランドと品番			古いフィルターの状態	
日付	左/右機関	機関運転時間	ミクロンサイズ	ログ頁
フィルターブランドと品番			古いフィルターの状態	
日付	左/右機関	機関運転時間	ミクロンサイズ	ログ頁
フィルターブランドと品番			古いフィルターの状態	
日付	左/右機関	機関運転時間	ミクロンサイズ	ログ頁
フィルターブランドと品番			古いフィルターの状態	

原水ポンプインペラーの点検と交換

メモ _____

日付	左/右機関	機関運転時間	インペラーは交換されたか？ はい / いいえ	ログ頁
インペラーのブランドと品番			古いインペラーの状態	
日付	左/右機関	機関運転時間	インペラーは交換されたか？ はい / いいえ	ログ頁
インペラーのブランドと品番			古いインペラーの状態	
日付	左/右機関	機関運転時間	インペラーは交換されたか？ はい / いいえ	ログ頁
インペラーのブランドと品番			古いインペラーの状態	
日付	左/右機関	機関運転時間	インペラーは交換されたか？ はい / いいえ	ログ頁
インペラーのブランドと品番			古いインペラーの状態	
日付	左/右機関	機関運転時間	インペラーは交換されたか？ はい / いいえ	ログ頁
インペラーのブランドと品番			古いインペラーの状態	
日付	左/右機関	機関運転時間	インペラーは交換されたか？ はい / いいえ	ログ頁
インペラーのブランドと品番			古いインペラーの状態	
日付	左/右機関	機関運転時間	インペラーは交換されたか？ はい / いいえ	ログ頁
インペラーのブランドと品番			古いインペラーの状態	
日付	左/右機関	機関運転時間	インペラーは交換されたか？ はい / いいえ	ログ頁
インペラーのブランドと品番			古いインペラーの状態	
日付	左/右機関	機関運転時間	インペラーは交換されたか？ はい / いいえ	ログ頁
インペラーのブランドと品番			古いインペラーの状態	
日付	左/右機関	機関運転時間	インペラーは交換されたか？ はい / いいえ	ログ頁
インペラーのブランドと品番			古いインペラーの状態	
日付	左/右機関	機関運転時間	インペラーは交換されたか？ はい / いいえ	ログ頁
インペラーのブランドと品番			古いインペラーの状態	

原水ポンプインペラーの点検と交換

日付		左/右機関	機関運転時間	iインペラーは交換されたか? はい / いいえ		ログ頁
インペラーのブランドと品番				古いインペラーの状態		
日付		左/右機関	機関運転時間	iインペラーは交換されたか? はい / いいえ		ログ頁
インペラーのブランドと品番				古いインペラーの状態		
日付		左/右機関	機関運転時間	iインペラーは交換されたか? はい / いいえ		ログ頁
インペラーのブランドと品番				古いインペラーの状態		
日付		左/右機関	機関運転時間	iインペラーは交換されたか? はい / いいえ		ログ頁
インペラーのブランドと品番				古いインペラーの状態		
日付		左/右機関	機関運転時間	iインペラーは交換されたか? はい / いいえ		ログ頁
インペラーのブランドと品番				古いインペラーの状態		
日付		左/右機関	機関運転時間	iインペラーは交換されたか? はい / いいえ		ログ頁
インペラーのブランドと品番				古いインペラーの状態		

左/右機関 – 左舷または右舷エンジン
ログ頁 –「ログブックへの記入」を参照

まとめ

日付	左/右機関	機関運転時間	iインペラーは交換されたか? はい / いいえ	ログ頁
インペラーのブランドと品番			古いインペラーの状態	
日付	左/右機関	機関運転時間	iインペラーは交換されたか? はい / いいえ	ログ頁
インペラーのブランドと品番			古いインペラーの状態	
日付	左/右機関	機関運転時間	iインペラーは交換されたか? はい / いいえ	ログ頁
インペラーのブランドと品番			古いインペラーの状態	
日付	左/右機関	機関運転時間	iインペラーは交換されたか? はい / いいえ	ログ頁
インペラーのブランドと品番			古いインペラーの状態	

エンジンクーラント液/不凍液の排出と補充

メモ _____

日付	左/右機関	機関運転時間	古いクーラント液の状態	ログ頁
クーラント液排出　　　L	クーラント液注入　　　L	クーラント液のブランドとタイプ		
日付	左/右機関	機関運転時間	古いクーラント液の状態	ログ頁
クーラント液排出　　　L	クーラント液注入　　　L	クーラント液のブランドとタイプ		
日付	左/右機関	機関運転時間	古いクーラント液の状態	ログ頁
クーラント液排出　　　L	クーラント液注入　　　L	クーラント液のブランドとタイプ		
日付	左/右機関	機関運転時間	古いクーラント液の状態	ログ頁
クーラント液排出　　　L	クーラント液注入　　　L	クーラント液のブランドとタイプ		
日付	左/右機関	機関運転時間	古いクーラント液の状態	ログ頁
クーラント液排出　　　L	クーラント液注入　　　L	クーラント液のブランドとタイプ		
日付	左/右機関	機関運転時間	古いクーラント液の状態	ログ頁
クーラント液排出　　　L	クーラント液注入　　　L	クーラント液のブランドとタイプ		
日付	左/右機関	機関運転時間	古いクーラント液の状態	ログ頁
クーラント液排出　　　L	クーラント液注入　　　L	クーラント液のブランドとタイプ		
日付	左/右機関	機関運転時間	古いクーラント液の状態	ログ頁
クーラント液排出　　　L	クーラント液注入　　　L	クーラント液のブランドとタイプ		
日付	左/右機関	機関運転時間	古いクーラント液の状態	ログ頁
クーラント液排出　　　L	クーラント液注入　　　L	クーラント液のブランドとタイプ		
日付	左/右機関	機関運転時間	古いクーラント液の状態	ログ頁
クーラント液排出　　　L	クーラント液注入　　　L	クーラント液のブランドとタイプ		
日付	左/右機関	機関運転時間	古いクーラント液の状態	ログ頁
クーラント液排出　　　L	クーラント液注入　　　L	クーラント液のブランドとタイプ		

エンジンクーラント液/不凍液の排出と補充

日付		左/右機関	機関運転時間	古いクーラント液の状態		ログ頁
クーラント液排出 L		クーラント液注入 L		クーラント液のブランドとタイプ		
日付		左/右機関	機関運転時間	古いクーラント液の状態		ログ頁
クーラント液排出 L		クーラント液注入 L		クーラント液のブランドとタイプ		
日付		左/右機関	機関運転時間	古いクーラント液の状態		ログ頁
クーラント液排出 L		クーラント液注入 L		クーラント液のブランドとタイプ		
日付		左/右機関	機関運転時間	古いクーラント液の状態		ログ頁
クーラント液排出 L		クーラント液注入 L		クーラント液のブランドとタイプ		
日付		左/右機関	機関運転時間	古いクーラント液の状態		ログ頁
クーラント液排出 L		クーラント液注入 L		クーラント液のブランドとタイプ		
日付		左/右機関	機関運転時間	古いクーラント液の状態		ログ頁
クーラント液排出 L		クーラント液注入 L		クーラント液のブランドとタイプ		

左/右機関 – 左舷または右舷エンジン
ログ頁 –「ログブックへの記入」を参照
L – リットル

まとめ

日付		左/右機関	機関運転時間	古いクーラント液の状態		ログ頁
クーラント液排出 L		クーラント液注入 L		クーラント液のブランドとタイプ		
日付		左/右機関	機関運転時間	古いクーラント液の状態		ログ頁
クーラント液排出 L		クーラント液注入 L		クーラント液のブランドとタイプ		
日付		左/右機関	機関運転時間	古いクーラント液の状態		ログ頁
クーラント液排出 L		クーラント液注入 L		クーラント液のブランドとタイプ		
日付		左/右機関	機関運転時間	古いクーラント液の状態		ログ頁
クーラント液排出 L		クーラント液注入 L		クーラント液のブランドとタイプ		

船舶 – 全アノードの点検と交換

メモ _____

日付		左/右機関	機関運転時間	アノードの場所	ログ頁
古いアノードの状態			アノードは交換されたか? はい　/　いいえ	タイプ	
日付		左/右機関	機関運転時間	アノードの場所	ログ頁
古いアノードの状態			アノードは交換されたか? はい　/　いいえ	タイプ	
日付		左/右機関	機関運転時間	アノードの場所	ログ頁
古いアノードの状態			アノードは交換されたか? はい　/　いいえ	タイプ	
日付		左/右機関	機関運転時間	アノードの場所	ログ頁
古いアノードの状態			アノードは交換されたか? はい　/　いいえ	タイプ	
日付		左/右機関	機関運転時間	アノードの場所	ログ頁
古いアノードの状態			アノードは交換されたか? はい　/　いいえ	タイプ	
日付		左/右機関	機関運転時間	アノードの場所	ログ頁
古いアノードの状態			アノードは交換されたか? はい　/　いいえ	タイプ	
日付		左/右機関	機関運転時間	アノードの場所	ログ頁
古いアノードの状態			アノードは交換されたか? はい　/　いいえ	タイプ	
日付		左/右機関	機関運転時間	アノードの場所	ログ頁
古いアノードの状態			アノードは交換されたか? はい　/　いいえ	タイプ	
日付		左/右機関	機関運転時間	アノードの場所	ログ頁
古いアノードの状態			アノードは交換されたか? はい　/　いいえ	タイプ	
日付		左/右機関	機関運転時間	アノードの場所	ログ頁
古いアノードの状態			アノードは交換されたか? はい　/　いいえ	タイプ	
日付		左/右機関	機関運転時間	アノードの場所	ログ頁
古いアノードの状態			アノードは交換されたか? はい　/　いいえ	タイプ	

船舶 – 全アノードの点検と交換

日付		左/右機関	機関運転時間	アノードの場所	ログ頁
古いアノードの状態			アノードは交換されたか？ はい / いいえ	タイプ	
日付		左/右機関	機関運転時間	アノードの場所	ログ頁
古いアノードの状態			アノードは交換されたか？ はい / いいえ	タイプ	
日付		左/右機関	機関運転時間	アノードの場所	ログ頁
古いアノードの状態			アノードは交換されたか？ はい / いいえ	タイプ	
日付		左/右機関	機関運転時間	アノードの場所	ログ頁
古いアノードの状態			アノードは交換されたか？ はい / いいえ	タイプ	
日付		左/右機関	機関運転時間	アノードの場所	ログ頁
古いアノードの状態			アノードは交換されたか？ はい / いいえ	タイプ	
日付		左/右機関	機関運転時間	アノードの場所	ログ頁
古いアノードの状態			アノードは交換されたか？ はい / いいえ	タイプ	

左/右機関 – 左舷または右舷エンジン
ログ頁 – 「ログブックへの記入」を参照

まとめ

亜鉛、マグネシウム、またはアルミニウムのタイプを混ぜないでください

日付		左/右機関	機関運転時間	アノードの場所	ログ頁
古いアノードの状態			アノードは交換されたか？ はい / いいえ	タイプ	
日付		左/右機関	機関運転時間	アノードの場所	ログ頁
古いアノードの状態			アノードは交換されたか？ はい / いいえ	タイプ	
日付		左/右機関	機関運転時間	アノードの場所	ログ頁
古いアノードの状態			アノードは交換されたか？ はい / いいえ	タイプ	
日付		左/右機関	機関運転時間	アノードの場所	ログ頁
古いアノードの状態			アノードは交換されたか？ はい / いいえ	タイプ	

セイルドライブギアオイルの交換

メモ _____

日付	左/右機関	機関運転時間	古いオイルの状態	ログ頁
オイル排出	新オイル注入		オイルのブランドとグレード	
日付	左/右機関	機関運転時間	古いオイルの状態	ログ頁
オイル排出	新オイル注入		オイルのブランドとグレード	
日付	左/右機関	機関運転時間	古いオイルの状態	ログ頁
オイル排出	新オイル注入		オイルのブランドとグレード	
日付	左/右機関	機関運転時間	古いオイルの状態	ログ頁
オイル排出	新オイル注入		オイルのブランドとグレード	
日付	左/右機関	機関運転時間	古いオイルの状態	ログ頁
オイル排出	新オイル注入		オイルのブランドとグレード	
日付	左/右機関	機関運転時間	古いオイルの状態	ログ頁
オイル排出	新オイル注入		オイルのブランドとグレード	
日付	左/右機関	機関運転時間	古いオイルの状態	ログ頁
オイル排出	新オイル注入		オイルのブランドとグレード	
日付	左/右機関	機関運転時間	古いオイルの状態	ログ頁
オイル排出	新オイル注入		オイルのブランドとグレード	
日付	左/右機関	機関運転時間	古いオイルの状態	ログ頁
オイル排出	新オイル注入		オイルのブランドとグレード	
日付	左/右機関	機関運転時間	古いオイルの状態	ログ頁
オイル排出	新オイル注入		オイルのブランドとグレード	
日付	左/右機関	機関運転時間	古いオイルの状態	ログ頁
オイル排出	新オイル注入		オイルのブランドとグレード	

セイルドライブギアオイルの交換

日付		左/右機関	機関運転時間	古いオイルの状態		ログ頁
オイル排出		新オイル注入		オイルのブランドとグレード		
日付		左/右機関	機関運転時間	古いオイルの状態		ログ頁
オイル排出		新オイル注入		オイルのブランドとグレード		
日付		左/右機関	機関運転時間	古いオイルの状態		ログ頁
オイル排出		新オイル注入		オイルのブランドとグレード		
日付		左/右機関	機関運転時間	古いオイルの状態		ログ頁
オイル排出		新オイル注入		オイルのブランドとグレード		
日付		左/右機関	機関運転時間	古いオイルの状態		ログ頁
オイル排出		新オイル注入		オイルのブランドとグレード		
日付		左/右機関	機関運転時間	古いオイルの状態		ログ頁
オイル排出		新オイル注入		オイルのブランドとグレード		

左/右機関 – 左舷または右舷エンジン
ログ頁 –「ログブックへの記入」を参照
L – リットル

まとめ

日付		左/右機関	機関運転時間	古いオイルの状態		ログ頁
オイル排出		新オイル注入		オイルのブランドとグレード		
日付		左/右機関	機関運転時間	古いオイルの状態		ログ頁
オイル排出		新オイル注入		オイルのブランドとグレード		
日付		左/右機関	機関運転時間	古いオイルの状態		ログ頁
オイル排出		新オイル注入		オイルのブランドとグレード		
日付		左/右機関	機関運転時間	古いオイルの状態		ログ頁
オイル排出		新オイル注入		オイルのブランドとグレード		

セイルドライブ – ゴム製シールの点検と交換

メモ _____

日付	左/右機関	機関運転時間	品番	ログ頁
シールの状態				
日付	左/右機関	機関運転時間	品番	ログ頁
シールの状態				
日付	左/右機関	機関運転時間	品番	ログ頁
シールの状態				
日付	左/右機関	機関運転時間	品番	ログ頁
シールの状態				
日付	左/右機関	機関運転時間	品番	ログ頁
シールの状態				
日付	左/右機関	機関運転時間	品番	ログ頁
シールの状態				
日付	左/右機関	機関運転時間	品番	ログ頁
シールの状態				
日付	左/右機関	機関運転時間	品番	ログ頁
シールの状態				
日付	左/右機関	機関運転時間	品番	ログ頁
シールの状態				
日付	左/右機関	機関運転時間	品番	ログ頁
シールの状態				
日付	左/右機関	機関運転時間	品番	ログ頁
シールの状態				

セイルドライブーメモ

まとめ

その他の装備品

日付	項目	メモ

その他の装備品

日付	項目	メモ

まとめ

まとめ-メモ

まとめ-メモ

度量衡と換算

面積 - メートル法とインペリアル法	187
ディーゼル関連 - 容積と重量	188
電気関連 - 直流	189
電気関連 – ジェームズ・ワットの法則	189
電気関連 – ゲオルク オームの法則	189
長さ/距離 - メートル法、インペリアル法、ノーティカル法	190
出力 - 馬力とキロワット	192
圧力 - メートル法とインペリアル法	193
速度 - メートル法、インペリアル法、ノーティカル法	194
温度 - ºC と ºF	195
トルク - メートル法とインペリアル法	196
容積 - メートル法とインペリアル法	197
重量 - メートル法とインペリアル法	198
タップおよびドリル穴のサイズ (ミリメートルおよびインチ)	199
メートル法ミリメートル、分数インチ、およびデシマルインチ換算早見表	200
強化鋼製ボルトの最小引張強さ	201

比重計によるクーラント液/不凍液のテスト

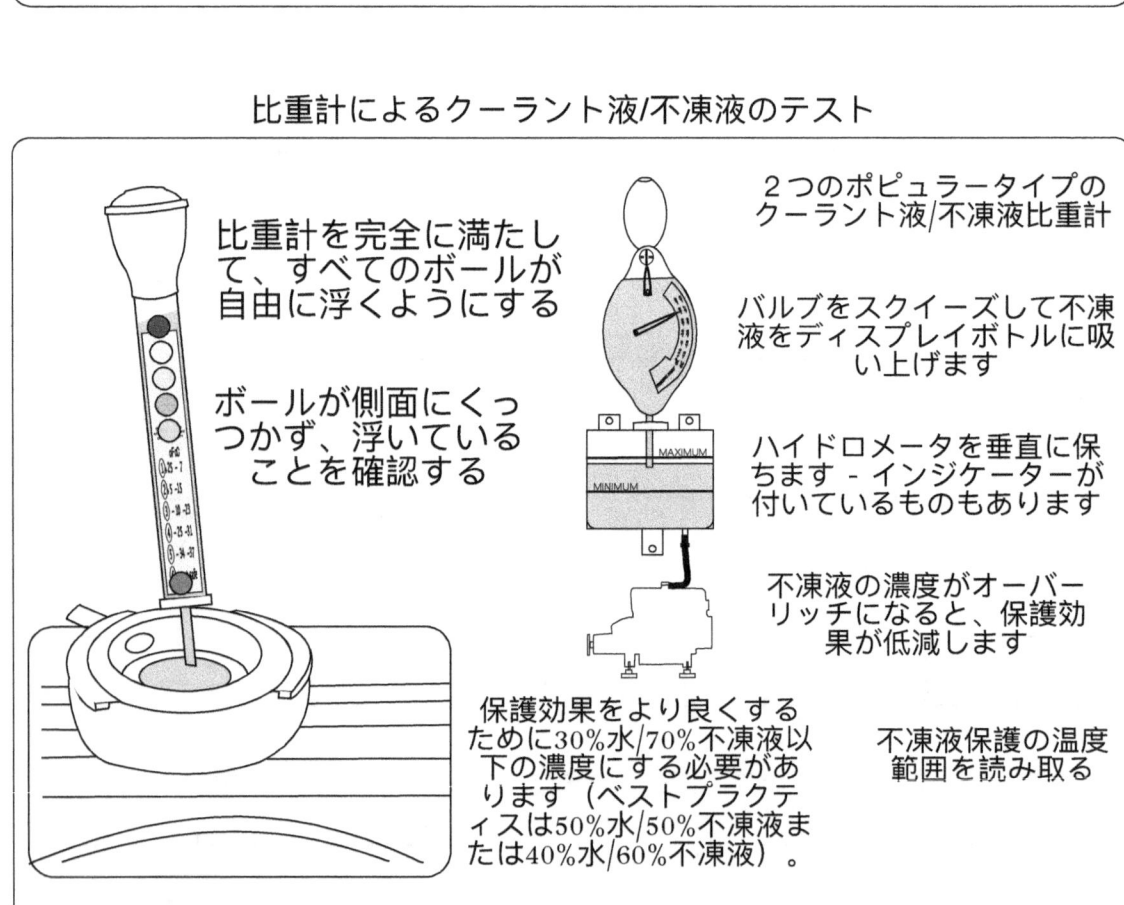

比重計を完全に満たして、すべてのボールが自由に浮くようにする

ボールが側面にくっつかず、浮いていることを確認する

2つのポピュラータイプのクーラント液/不凍液比重計

バルブをスクイーズして不凍液をディスプレイボトルに吸い上げます

ハイドロメータを垂直に保ちます - インジケーターが付いているものもあります

不凍液の濃度がオーバーリッチになると、保護効果が低減します

保護効果をより良くするために30%水/70%不凍液以下の濃度にする必要があります（ベストプラクティスは50%水/50%不凍液または40%水/60%不凍液）。

不凍液保護の温度範囲を読み取る

面積 - メートル法とインペリアル法

cm = センチメートル
cm² = 平方センチメートル
ft = フィート
ft² = 平方フィート
m = メートル
m² = 平方メートル
mm = ミリメートル
mm² = 平方ミリメートル

算式 mm² x 0.01 = cm² mm² x 0.00155 = in²			
mm x mm	mm²	cm²	in²
2 x 2	4	0.04	0.0062
3 x 3	9	0.09	0.014
4 x 4	16	0.16	0.025
5 x 5	25	0.25	0.039
6 x 6	36	0.36	0.056
7 x 7	49	0.49	0.076
8 x 8	64	0.64	0.099
9 x 9	81	0.81	0.125
10 x 10	100	1	0.155

算式* cm² x 0.155 = in²	
cm²	inch²
1	0.155
2	0.31
3	0.465
4	0.62
5	0.775
10	1.55
15	2.325
20	3.1
25	3.875
50	7.75
75	11.625
100	15.50

算式 in² x 6.45 = cm²	
inch²	cm²
1	6.45
2	12.90
3	19.35
4	25.81
5	32.26
10	64.52
15	96.77
20	129
25	161
50	322
75	484
100	645

*例: $3\ cm^2 \times 0.155 = 0.465\ in^2$

算式* m² x 10.76 = ft²	
m²	ft²
1	10.76
2	21.53
3	32.28
4	43.06
5	53.82
10	107.64
15	161.46
20	215.28
25	269
50	538
75	807
100	1076

算式 ft² x 0.0929 = m²	
ft²	m²
1	929 cm²
2	0.186
3	0.279
4	0.372
5	0.465
10	0.93
15	1.39
20	1.86
25	2.32
50	4.65
75	6.97
100	9.29

度量衡

メトリック法

1 平方センチメートルで 100 平方ミリメートル

1 平方メートルで 10,000 平方センチメートル

1 平方インチで 646 平方 mm

インペリアル法

1 平方フィート = 144 平方インチ
1 平方ヤード = 9 平方フィート
1 平方メートル = 10.76 平方フィート

*例: $3\ m^2 \times 10.76 = 32.28\ ft^2$

ディーゼル関連 - 容積と重量

ディーゼル

ディーゼル燃料の密度、したがって重量は、そのブレンド (#1 と #2) と温度によって異なります。より冷たくて濃いディーゼルは夏季におけるディーゼルよりも重くなります。 ディーゼルは水より軽い - その比重は 0.82 から 0.95 の間で変化します。淡水は 1、海塩水は 1.025 です。

1 リットル = ± 832 グラムまたは ± 1.87 ポンド
1 ガロン (米国) = ± 3.32 kg または ± 7.1 ポンド
1 ガロン (Imp) = ± 3.87 kg または ± 8.5 ポンド

数値は燃料密度の変化と端数処理により概算値です。

gall imp. = インペリアルガロン
gall US = 米国ガロン

kg = キログラム
lb = ポンド

算式* kg x 1.18 = L kg x 0.31 = Gall US kg x 0.259 = Gall Imp.			
Kilogram	**Litre**	**Gallon US**	**Gallon imperial**
1 kg	1.18	0.31	0.259
2 kg	2.36	0.62	0.518
3 kg	3.54	0.93	0.777
4 kg	4.72	1.24	1.036
5 kg	5.9	1.55	1.295
10 kg	11.8	3.1	2.59
15 kg	17.7	4.65	3.885
20 kg	23.6	6.2	5.18

算式 lb x 0.53 = Litre lb x 0.14 = Gall US lb x 0.12 = Gall Imp.			
Pound	**Litre**	**Gallon US**	**Gallon imperial**
1 lb	0.53	0.14	0.12
2 lbs	1.06	0.28	0.24
3 lbs	1.59	0.42	0.36
4 lbs	2.12	0.56	0.48
5 lbs	2.65	0.7	0.6
10 lbs	5.3	1.4	1.2
15 lbs	7.95	2.1	1.8
20 lbs	10.6	2.8	2.4

*例: 2 kg x 1.18 = 2.36 L ディーゼル

算式 L x 0.832 = kgs L x 1.87 = lbs		
Litre	**kgs**	**lbs**
1 L	0.832	1.87
2 L	1.66	3.74
3 L	2.496	5.61
4 L	3.328	7.48
5 L	4.16	9.35
10 L	8.32	18.7
15 L	12.48	28.05
20 L	16.64	37.4

算式 G US x 7.10 = lbs G US x 3.32 = kgs		
Gallon US	**lbs**	**kgs**
1 G US	7.10	3.32
2 G US	14.2	6.64
3 G US	21.30	9.96
4 G US	28.40	13.28
5 G US	35.50	16.60
10 G US	71	33.20
15 G US	106.50	49.80
20 G US	142	66.4

算式 G imp x 8.5 = lbs G imp x 3.87 = kgs		
Gallon imp	**lbs**	**kgs**
1 G imp	8.5	3.87
2 G imp	17	7.74
3 G imp	25.5	11.61
4 G imp	34	15.48
5 G imp	42.50	19.35
10 G imp	85	38.70
15 G imp	127.5	58.05
20 G imp	170	77.40

電気関連 - 直流

電気関連 – ゲオルク オームの法則

オームの法則は、次の関係を説明しています：
電流 (アンペア, A)、抵抗 (オーム, Ω)、および電圧 (V)。

電圧	X	アンペア	=	**ワット**
ワット	÷	アンペア	=	電圧
ワット	÷	電圧	=	アンペア

アンペアの計算例:
12 ボルトのデバイスの定格は 80 ワットです。何アンペアですか?
$80 \div 12 = 6.67A$

電気関連 – ジェームズ・ワットの法則

オームの法則は、次の関係を説明しています：
電流 (アンペア, A)、抵抗 (オーム, Ω)、および電圧 (V)。

アンペア	X	**抵抗 (Ω)**	=	電圧
電圧	÷	**抵抗 (Ω)**	=	アンペア
電圧	÷	amps	=	**抵抗 (Ω)**

抵抗の計算例:
$V \div A (I) = R$
$12 \div 4 = 3 \Omega$

このピラミッドを使って、2つの値が既知の場合、3番目の値を計算できます

I x R = 電圧
V ÷ R = アンペア (I)
V ÷ I = 抵抗

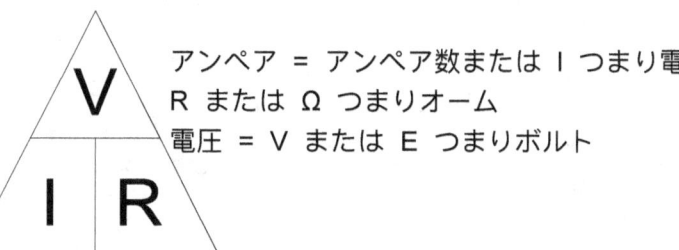

アンペア = アンペア数または I つまり電流
R または Ω つまりオーム
電圧 = V または E つまりボルト

アンペア時 (AH) - バッテリーが20時間に供給できる合計アンペア。定格が高いほど、バッテリーが時間の経過とともにより多くの総電力を供給できるようになります。AH 定格はディープ サイクルバッテリーに適用されます - 100AH バッテリーは、約 5A を 20 時間供給できます。

度量衡

コールドクランキングアンペア (CCA) - 12Vバッテリーが摂氏-18°C (0°F) の環境で、電圧を 7.2 ボルト以上に維持しながら30 秒間発生できる電流 (アンペア)。CCA値が大きいほど、バッテリーがスターターモーターに供給できるエネルギーが多くなり、エンジン始動がより容易になり、持続時間がより長くなる。

マリンクランキングアンペア (MCA) - 12-v バッテリーが摂氏 0°C (32°F)の環境で電圧を 7.2ボルト以上に維持しながら30 秒間発生できる電流 (アンペア)。

リザーブキャパシティ (RC) - バッテリーが 26.7°C (80°F)°の環境で10.5v (12-ボルトバッテリー) 電圧を維持しながら 25 アンペアを供給できる持続時間 (分)。

電圧	ウェットセル	AGM	ゲルセル	リチウム
100%	12.60-12.70	12.80 - 12.90	12.85 - 12.95	13.4 - 14.4
75%	12.40	12.60	12.65	13.2
50%	12.20	12.30	12.35	13.1
25%	12.00	12.00	12.00	13.0
0%	11.80	11.80	11.80	10.0

CCAを MCAへ換算
– CCAに1.3を掛ける

MCAをCCAへ換算
– MCAに0.77を掛ける

AGM: 吸収性グラスマット

長さ/距離 - メートル法、インペリアル法、ノーティカル法

算式*
mm x 0.0394 = inch
cm x 0.394 = inch
inch x 2.54 = cm

*例： 5 mm x 0.0394 = 0.197 inch

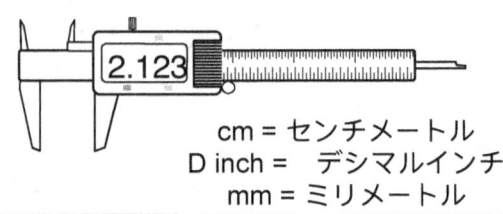

cm = センチメートル
D inch = デシマルインチ
mm = ミリメートル

mm	inch
1	0.0394
2	0.078
3	0.1181
4	0.157
5	0.197
6	0.236
7	0.276
8	0.315
9	0.355
10	0.394

cm	inch
1	0.394
2	0.788
3	1.18
4	1.575
5	1.968
10	3.94
15	5.91
20	7.87
25	9.84
50	19.69
75	29.53
100	39.37

inch	D inch	mm
1/8	0.125	3.175
1/4	0.250	6.35
3/8	0.375	9.525
1/2	0.5	12.7
5/8	0.625	15.875
3/4	0.75	19.05
7/8	0.875	22.23

inch	cm
1	2.54
2	5.08
3	7.62
4	10.16
5	12.7
10	25.4
15	38.10
20	50.80
25	63.5
50	127
75	190.5
100	254

デシマルインチ

多くの電子マイクロメータは、分数ではなくデシマル（10進数）インチを表示します。すなわち、1インチを1000等分に分割すると、優れた精度が得られます；例えば、0.650 は 5/8 インチよりわずかに大きい。

算式		
メートル x 3.28 = フィート		
メートル x 1.09 = ヤード		
メートル	フィート	ヤード
1	3.28	1.09
5	16.40	5.47
10	32.81	10.94
15	49.21	16.40
20	65.62	21.87
25	82.02	27.34
50	164.04	54.68
75	246.06	82
100	328.08	109.36

算式	
ヤード x 0.914 = メートル	
ヤード	メートル
1	0.914
5	4.572
10	9.14
15	13.72
20	18.29
25	22.86
50	45.72
75	68.58
100	91.44

算式		
ファゾム x 1.829 = メートル		
ファゾム x 6 = フィート		
ファゾム	メートル	フィート
1	1.829	6
5	9.144	30
10	18.29	60
15	27.43	90
20	36.58	120
25	45.72	150
50	91.44	300
75	137.16	450
100	182.88	600

長さ/距離 - メートル法、インペリアル法、ノーティカル法

km = キロメートル
kn = ノット　　　　1 ノット＝1時間あたり1海里
nm = 海里

算式* km × 0.54 = 海里 km x 0.62 = マイル			算式 海里 x 1.852 = km 海里 x 1.151 = マイル			算式 マイル x 0.87 = 海里 マイル x 1.609 = km		
km	海里	マイル	海里	km	マイル	マイル	海里	km
1	0.54	0.62	1	1.852	1.151	1	0.87	1.609
10	5.40	6.21	10	18.52	11.51	10	8.69	16.09
20	10.79	12.43	20	37.04	23	20	17.38	32.19
30	16.20	18.64	30	55.56	34.52	30	26.07	48.28
50	27	31.07	50	92.60	57.54	50	43.45	80.47
100	54	62.14	100	185.20	115.08	100	86.90	160.93
300	162	186.41	300	555.60	345	300	260.69	482.80
500	270	310.69	500	926	575.4	500	434.49	804.67
750	404.97	466.03	750	1389	863	750	651.73	1207
1000	639.96	621.37	1000	1852	1150.78	1000	868.98	1609.34

*例：*1km×0.54＝0.54海里*

速度 ノット	時間/距離 海里	
	12時間	24時間
0.5	6	12
1	12	24
1.5	18	36
2	24	48
2.5	30	60
3	36	72
3.5	42	84
4	48	96
4.5	54	108
5	60	120
6	72	144
7	84	168
8	96	192
9	108	216
10	120	240
11	132	264
12	144	288

速度換算 (ノット、kmh、mph)
194 頁参照

度量衡

緯度 1 分 = 1 海里
緯度 60 分 = 1 度
1 度 = 60 海里
1 海里 = 1852 メートル
1 海里 = 2025 ヤード

100 cm = 1 メートル
1 メートル = 3.28 フィート

3 フィート = 1 ヤード
3 フィート = 0.914 メートル

出力 - 馬力とキロワット

1 馬力 = 750キログラムの重さの物体を10秒間に1メートル持ち上げるのに必要なパワー

bhp = 制動馬力
hp = 馬力
kW = キロワット
W = ワット

1 キロワット(kW) = 1000 ワット
1 kW = 1.36 メトリック馬力 (mhp)
1 mhp = 0.735 kW
1 kW = 1.34 馬力 (メカニカル)
1 hp = 0.7457 kW

metric hp	kW	UK/US hp
1	0,735	0,986
5	6,798	4,932
10	7,355	9,863
20	14,710	19,7264
30	22,065	29,5896
40	29,420	39,453
50	36,775	49,316
60	44,13	59,179
70	51,485	69,042
80	58,84	78,9056
90	66,195	88,7688
100	73,55	98,632
120	88,260	118,358
140	102,97	138,085
160	117,68	157,81
180	132,39	177,538
200	147,10	197,26

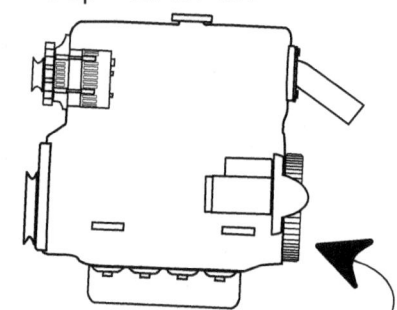

制動馬力 (bhp)
エンジン出力において測定 – エンジン内部の摩擦により馬力よりわずかに小さい

軸馬力 (shp)
= プロペラにおいて動力として利用できる出力
= 制動馬力より±2%少ない

例: 50 mhp x 0.735 = 36.75 kW

UK/US hp	kW	metric hp
1	0,74569	1,01
5	3,728	5,07
10	7,4569	10,14
20	14,91	20,28
30	22,37	30,42
40	29,8279	40,56
50	37,29	50,5
60	44,74	60,83
70	52,20	70,97
80	59,66	81,11
90	67.11	91,25
100	74.57	101,39
120	89,48	121,66
140	104,40	141,94
160	119,31	162,22
180	134,23	182,50
200	149,14	202,77

例: 50 hp x 1,01 = 50,5 mhp

これまで製造された最小のディーゼルは、次のように考えられています。
- Nano BeeはRonald Valentine氏によって設計・作製された
- ピストンボア 2mm
- 排気量 006cc (0.00037 立方インチ)
- 長さ2.22cm (7/8インチ)
- 最大 12,800 rpm
- 500 米ドルで販売

これまで製造された最大のディーゼルエンジン:
- 109,000 馬力 Wärtsilä-Sulzer-RTA96-C
- 2006 年に Emma Maersk に据え付け
- 2 ストローク、14 気筒
- ピストンボア 960 mm (38 インチ)
- ピストンの高さ 6m (20 フィート)
- ピストン速度 毎秒 8.5m (28 フィート)
- 22 ~ 102 rpm
- 1日あたり最大250トンの重油

圧力 - メートル法とインペリアル法

算式*
Pa x 0.000145 = psi
Pa x 0.0075 = mmHg
Pa x 0.000295 = inHg

Pa - kPa	psi	mmHg	In Hg
10,000	1.45	75	2.59
15,000	2.18	112	4.43
20 kPa	2.90	150	5.9
25 kPa	3.63	187	7.38
30 kPa	4.35	225	8.86
35 kPa	5.08	262	10.33
40 kPa	5.8	300	11.81
45 kPa	6.53	337	13.29
50 kPa	7.25	375	14.76

例: 20 kPa x 0.000145 = 2.9 psi

算式
psi x 6894.76 = Pa
psi x 2.036 = inHg
psi x 51.72 = mmHg

psi	Pa - kPa	mmHg	inHg
1	6894.76	51.72	2.036
10	68947.60	517.15	20.36
20	137.90 kPa	1034	40.72
30	206.84 kPa	1551	61.08
40	275.79 kPa	2068	81.44
50	344.74 kPa	2585	101.80
100	689.48 kPa	5171	203.60
500	3447.38 kPa	25857	1018
1000	6894.76 kPa	51714	2036

算式
Mpa x 145.038 = psi

MPa	psi
1	145
2	290
3	435
4	580
5	725

mmHG = 水銀柱ミリメートル
kPa = 1000 パスカル
MPa = 1,000,000 パスカル
inHg = 水銀柱インチ
Pa = パスカル
psi = 1 平方インチあたりのポンド

海抜での大気圧(atm)
= ± 760.00 mmHg
= ± 1.0013バール
= ± 29.921 inHg
= ± 101.325 kPa
= ± 14.7 psi

算式
inHg x 25.4 = mmHg
inHg x 3386 = Pa
inHg x 0.491 = psi

inHg	mmHg	Pa - kPa	psi
1	25.4	3386	0.491
2	50.8	6772	0.982
3	76.2	10159	1.473
4	101.6	13545	1.965
5	127	16.93 kPa	2.456
6	152.4	20.32 kPa	2.95
7	177.8	23.70 kPa	3.44
8	203	27.09 kPa	3.93
9	228.6	30.48 kPa	4.42
10	254	33.86 kPa	4.912

算式
mmHg x 0.039 = inHg
mmHg x 133.32 = Pa
mmHg x 0.019 = psi

mmHg	inHg	Pa - kPa	psi
50	1.968	6666	0.967
100	3.94	13.332	1.933
200	7.87	26.66 kPa	3.868
300	11.81	40	5.8
400	15.75	53.33	7.74
500	19.68	66.66	9.67
750	29.53	100	14.50
100 cm	39.37	133.33	19.34

度量衡

速度 - メートル法、インペリアル法、ノーティカル法

ft/s = フィート/秒
knots = ノット (1時間あたり 1海里)
kph = キロメートル毎時
mph = マイル毎時
m/s = メートル毎秒

算式*
kph x 0.621 = mph
kph x 0.278 = m/s
kph x 0.911 = ft/s
kph x 0.54 = knots

kph	mph	m/s	ft/s	knots
1	0.62	0.28	0.911	0.54
5	3.11	1.39	4.56	2.7
10	6.21	2.78	9.11	5.4
15	9.32	4.17	13.67	8.10
20	12.43	5.56	18.23	10.8
25	15.53	6.95	22.78	13.5
30	18.64	8.34	27.34	16.2

*例： 5 kph x 0.621 = 3.105

算式
m/s x 3.6 = kph
m/s x 2.237 = mph
m/s x 3.281 = ft/s
m/s x 1.944 = knots

m/s	kph	ft/s	mph	knots
1	3.6	3.28	2.24	1.94
5	18	16.40	11.18	9.72
10	36	32.81	22.37	19.44
15	54	49.21	33.55	29.16
20	72	65.62	44.74	38.88
25	90	82.02	55.92	48.60
30	108	98.42	67.11	58.31

算式
mph x 1.609 = kph
mph x 0.447 = m/s
mph x 1.467 = ft/s
mph x 0.869 = knots

mph	kph	m/s	ft/s	knots
1	1.61	0.45	1.47	0.87
5	8.05	2.24	7.33	4.34
10	16.09	4.47	14.68	8.69
15	24.14	6.71	22	13.03
20	32.19	8.94	29.33	17.38
25	40.23	11.18	36.67	21.72
30	48.28	13.41	44	26.07

算式
knot x 1.852 = kph
knot x 0.514 = m/s
knot x 1.688 = ft/s
knot x 1.151 = mph

knots	kph	m/s	mph	ft/s
1	1.85	0.51	1.15	1.69
2	3.7	1.03	2.3	3.38
3	5.56	1.54	3.45	5.06
4	7.41	2.06	4.6	6.75
5	9.26	2.57	5.75	8.44
10	18.52	5.14	11.51	16.88
15	27.78	7.71	17.26	25.32

f/s	mph	m/s	kph	knots
1	0.682	0.305	1.097	0.592
10	6.82	3.48	10.97	5.93
20	13.64	6.1	21.95	11.85
30	20.45	9.14	32.92	17.77
40	27.27	12.19	43.89	23.70
50	34.09	15.24	54.86	29.62
100	68.18	30.48	109.73	59.25

算式
ft/s X 2.9 = kph
ft/s X 0.305 = m/s
ft/s X 2.05 = mph
ft/s X 1.78 = knots

1ノット＝0.51メートル毎秒

ノットx 時間＝海里
191頁参照

温度 - ºC と ºF

エンジン動作温度	ºC	ºF
間接冷却	70 - 85 ºC	158 - 185 ºF
直接冷却	55 - 70 ºC	131 - 158 ºF

ディーゼル特性	ºC	ºF
ディーゼル引火点 - ディーゼルヒュームが燃える最低温度	52 - 82 ºC	125 - 180 ºF
ディーゼル自着火 - 燃料が着火源なしで着火する最低温度	210 ºC	410 ºF
噴射前のシリンダーエア温度	500 ºC	920 ºF
火炎温度 （燃焼ガス）	1400 ºC	2550 ºF
排気マニホールドのディーゼル温度	300 - 1000 ºC	1470 - 1800 ºF
原水注入後排気温度	40 - 50 ºC	104 - 122 ºF

概略温度に過ぎない - 正確な温度は多くの変数に依存します

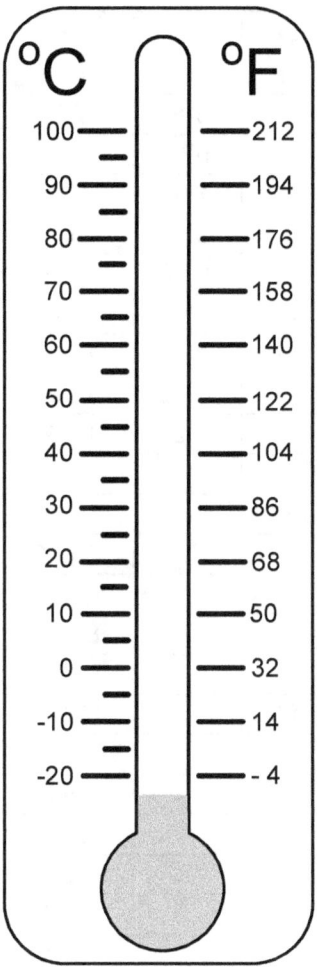

ºCをºFに換算するには
1 ºC x 1.8 + 32 = ºF

例： *10 ºC x 1.8 = 18 + 32 = 40 ºF*

ºFをºCに換算するには
1 ºF - 32 x 0.5566 = ºC

例： *56 ºF - 32 = 24 x 0.5566 = 13 ºC*

度量衡

海抜ゼロにおける純水の沸点	100 ºC	212 ºF
海抜ゼロにおける純水の凝固点	0 ºC	32 ºF
海水(塩分3.5%)の凝固点	2 ºC	28 ºF

回転する熱帯性暴風雨を形成する水温: 26 ºC (79 ºF)
何がどこで?
サイクロン – インド洋
ハリケーン – 大西洋、太平洋
台風 – 西太平洋、南シナ海

トルク - メートル法とインペリアル法

トルク＝力と距離をかけた値で、物体（シャフトなど）を回転させるのに必要なモーメント

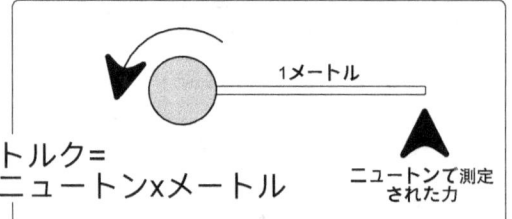

トルク＝
ニュートン×メートル

ニュートンで測定された力

N = ニュートン
Nm = ニュートンメートル
in oz = インチオンス
フィートポンド　またはフィート重量ポンド

算式*
Nm X 141.61 = in oz
Nm X 0.738 = ft lbf
ft lb X 1.356 = N m
ft lb X 12 = in lb
ft lb X 16 = in oz
in lb X 0.083 = Nm
in lb X 16 = in oz
in oz X 0.007 = nM
in oz X 0.005 = ft lb

1 ニュートン = 1 キログラムの物体を1メートル毎秒毎秒の加速度で1メートルの距離動かすのに必要な力（メートル毎 秒毎秒（m/s2）は加速度の標準測定単位です）

1 ニュートンメートルは、物体を移動または回転させるために 1 メートルのレバー（てこ）で加えられる 1 kg の力（1 ニュートン）です。

1フィート ポンドは、物体を移動または回転させるために 1 フートのレバーで加えられる 1 ポンドの力です。

*例 : 2Nm x 141.61 = 283.22 in oz

Nm	in oz	ft lb
1	141.6	0.74
2	283	1.475
3	425	2.213
4	566	2.95
5	708	3.69
6	850	4.43
7	991	5.16
8	1133	5.9
9	1274	6.64
10	1416	7.38
20		14.75
30		22.13
40		29.5
50		36.88
60		44.25
70		51.63
80		59
90		66.38
100		73.76
125		92.20
150		110
175		129
200		147

in oz	ft lb	Nm
5	0.026	0.035
6	0.03	0.04
7	0.036	0.05
8	0.04	0.056
9	0.046	0.06
10	0.05	0.07
15	0.078	0.106
20	0.10	0.141
25	0.13	0.176
30	0.156	0.2
35	0.18	0.47

in lb	in oz	Nm
5	80	0.035
6	96	0.04
7	112	0.05
8	128	0.056
9	144	0.06
10	160	0.07
15	240	0.106
20	320	0.141
25	400	0.176

ft lb	in oz	Nm
1	192	1.36
2	384	2.7
3	576	4
4	768	5.4
5	960	6.8
6	1152	8.13
7	1344	9.5
8	1536	10.85
9	1728	12.20
10	1920	13.56
20		27
30		40.67
40		54.23
50		67.79
60		81.35
70		94.91
80		108.46
90		122
100		135.58
125		169.47
150		203.37
175		237
200		271

容積 - メートル法とインペリアル法

1000 ミリリットル = 1 リットル
16 液量オンス米国 = 1 パイント米国
20 液量オンスインペリアル = 1 パイント
2 パイント = 1 クォート
8 パイント = 1 ガロン

fl.oz US = アメリカ液量オンス
fl.oz Imp = インペリアル (英国) 液量オンス
mL = ミリリットル
L = リットル

G (米国) = 米国ガロン
G (Imp) = インペリアルガロン
Pt (米国) = 米国パイント
Pt (Imp) = インペリアル パイント

算式
mL x 0.034 = Fl. Oz US
mL x 0.035 = Fl. Oz Imp.

mL	Fl Oz. US	Fl Oz Imp.
5	0.17	0.176
10	0.35	0.35
25	0.85	0.88
50	1.69	1.76
100	3.38	3.52
250	8.45	8.80
500	16.91	17.60
750	25.36	26.40

算式
Fl Oz. US x 29.574 = mL
Fl. Oz US x 1.04 = Fl. Oz Imp.

Fl Oz. US	mL	Fl. Oz Imp.
1	29.57	1.04
2	59	2.08
3	89	3.12
4	118	4.16
5	148	5.20
10	296	10.41
15	444	15.61
20	591	20.82

算式
Fl. Oz Imp. x 28.41 = mL
Fl. Oz. Imp. x 0.961 = Fl. Oz. US

Fl Oz. Imp.	mL	Fl Oz US
1	28.41	0.96
2	57	1.92
3	85	2.88
4	114	3.84
5	142	4.8
10	284	9.6
15	426	14
20	568	19

Pint US	Pint Imp.
1	0.83
2	1.66
3	2.5
4	3.33
5	4.16

Pint Imp.	Pint US
1	1.20
2	2.4
3	3.6
4	4.8
5	6

算式
Pt (米国) x 0.833 = インペリアル パイント
インペリアル パイント x 1.2 = Pt (米国)

雨滴20滴 = ±1mL

Litre	G US	G Imp.	Fl Oz US	Fl. Oz Imp.
1	0.26	0.22	33.81	35.19
2	0.56	0.44	67.63	70.39
3	0.79	0.66	101.44	105.59
4	1.06	0.88	135.26	140.78
5	1.32	1.10	169.07	175.98

算式*
L x 0.264 = G US
L x 0.22 = G Imp.
L x 33.81 = Fl Oz. US
L x 35.19 = Fl. Oz. Imp

*例: 2L x 0.22 = 0.44 ガロンインペリアル

度量衡

算式
G US x 3.78 = L
G US x 0.833 = G Imp.
G US x 128 = Fl Oz. US
G US x 133.23 = Fl. Oz. Imp

G US	L	G Imp.	Fl Oz US	Fl. Oz Imp.
1	3.78	0.83	128	133.23
2	7.57	1.66	256	266.46
3	11.36	2.5	384	399.68
4	15.14	3.33	512	532.91
5	18.93	4.16	640	666.14

算式
G Imp x 4.546 = L
G Imp x 1.20 = G US
G Imp x 153.72 = Fl. Oz. US
G Imp x 160 = Fl. Oz. Imp

G Imp	L	G US	Fl Oz US	Fl. Oz. Imp.
1	4.55	1.20	153.72	160
2	9.09	2.4	307.44	320
3	13.64	3.6	461.17	480
4	18.18	4.8	614.89	640
5	22.73	6	768.61	800

重量 - メートル法とインペリアル法

ピュアウォーター（純水）
1 リットル = 1 キログラムまたは 2.2 ポンド
1 ガロン (米国) = 3.78 kg または 8.34 ポンド
1 ガロン (英国) = 4.55 kg または 10.02 ポンド

塩水（塩分±3.5%）
1 リットル =
±1.025 キログラムまたは 2.26 ポンド
1 ガロン (米国) =
± 3.7 kg または 8.56 ポンド
1ガロン(英国) =
± 4.66 kg または 10.26 ポンド
1 立方メートル = ±1020 kg

1 kg = 1000 グラム
1 kg = 35.24 オンス
1kg = 2.2ポンド

1 オンス = 28 グラム
16 オンス = 1 ポンド
1 ポンド = 454 グラム
1 ポンド = 0.45 キロ

g = グラム
kg = キログラム
lb = ポンド
oz = オンス

算式* g x 0.035 = oz g x 0.002 = lb kg x 35.274 = oz kg x 2.2 = lb		
gram	oz	lb
10	0.353	0.022
50	1.76	0.11
100	3.53	0.22
500	17.64	1.1
1 kg	35.27	2.2
2 kg	70	4.4
3 kg	106	6.61
4 kg	141	8.82
5 kg	176	11

算式 oz x 28.35 = g lb x 454 = g	
oz	gram
1	28.35
2	56
3	85
4	113
5	142
10	283
15	425
1 lb	454
2 lb	907

*例 :30g x 0.035 = 1.05 oz

算式 lb x 16 = oz lb x 454 = g lb x 0.454 = kg		
lb	oz	gram/kg
1	16	454
2	32	907
3	48	1.36 **kg**
4	64	1.81 **kg**
5	80	2.27 **kg**
10	160	4.54 **kg**
15	240	6.80 **kg**
20	320	9.07 **kg**
25	400	11.34 **kg**

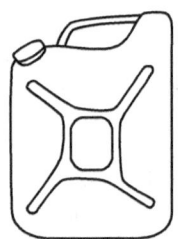

20L ディーゼル
= 16.64 キロ。
= 37.41 ポンド

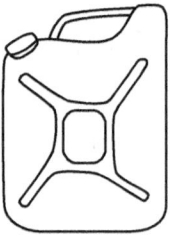

20Lの淡水
= 20kg。
= 44 ポンド

20Lの塩水
= 20.5kg。
= 45.2 ポンド

タップおよびドリル穴のサイズ (ミリメートルおよびインチ)

mm タップサイズ	mm ドリルサイズ	インチ ドリルサイズ
2	1.5	1/16
3	2.5	3/32
4	3.5	9/64
5	4.5	11/64
6	5	13/64
7	6	15/64
8	7	9/32
10	9	23/64
12	10.5	13/32
14	12.5	31/64

インチ タップサイズ	インチ ドリルサイズ	mm ドリルサイズ
1/8	3/32	2.38
1/4	7/32	5.5
5/16	9/32	7
3/8	5/16	8
1/2	15/32	12
5/8	35/64	14
3/4	11/16	17.5
7/8	13/16	20.5
1	7/8	22

注: 示されたドリルサイズは、市販の同等品です
(1.6mmのドリルビットは、多くのボートでは見られません！)

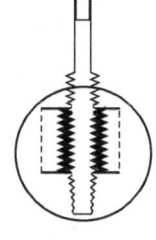

最も頻繁に使用されるプラグおよびテーパタップ

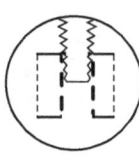

テーパタップは、ドリル穴で垂直に開始するのが最も簡単です

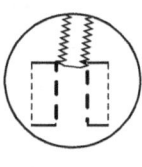

ボトミングとプラグタップは正確に垂直に開始するのがより困難です

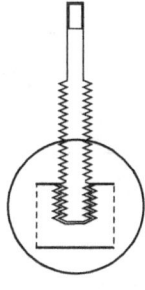

ボトミングタップは盲穴(出口がない)をタップするのに使用されます。

度量衡

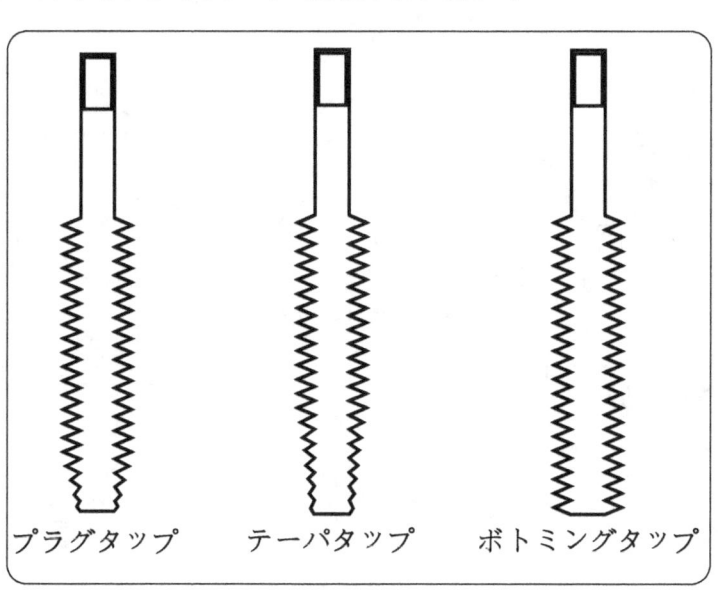

プラグタップ　　テーパタップ　　ボトミングタップ

メートル法ミリメートル、分数インチ、およびデシマルインチ換算早見表

最も近いデシマル（10進数）および分数インチでのミリメートル穴サイズ
例: 2 mm ドリル ビット - 最も近いインチ ドリル ビット 5/64 - 1.95 mm

メートル法mm	分数インチ	最も近いミリメートル	デシマルインチ
2	5/64	1.95	0.078
3	1/8	3.1	0.125
4	5/32	3.9	0.156
5	13/64	5.1	0.188
5.5	7/32	5.57	0.219
6	15/64	5.9	0.234
6.5	1/4 or 17/64	6.3 or 6.7	0.248 or 0.267
7	9/32	7.1	0.281
7.5	19/64	7.54	0.297
8	5/16	7.9	0.313
8.5	21/64 Or 11/32	8.3 or 8.7	0.328 or 0.344
9	23/64	9.1	0.359
9.5	3/8	9.55	0.375
10	25/64	9.9	0.391
10.5	27/64	10.72	0.422
11	7/16	11.11	0.438
11.5	29/64	11.51	0.453
12	15/32 or 31/64	11.8 or 12.2	0.469 or 0.484
13	33/64	13.10	0.516
14	35/64	13.8	0.547

ねじ頭の例

アレンキー、六角キー；
多くのサイズ

JIS B1012
（日本）

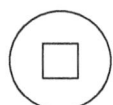
ロバートソン、スクエアヘッド
3つの市販サイズ

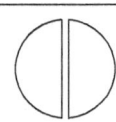
スロット付き
（マイナスネジ）

トリプルスクエア
またはXZN
4つの市販サイズ

トルクス

フリーソン
（十字ネジ）

ポジドライブ、クアドレックス

フィリップス
（十字ネジ）

ボルトの頭部の例

グラブスクリュー
止めねじ

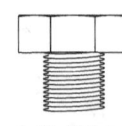
六角ボルト

刻み付き頭
マシンヘッド

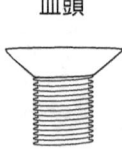
皿頭

丸い頭部

分数インチ、デシマルインチおよびメートル法ミリメートル換算早見表

分数インチ	デシマルインチ	メートル法 mm	デシマルインチ	分数インチ	メートル法 mm
1/64	0.016	0.397	0.0156	1/64	.397
1/32	.031	.794	.03124	1/32	.794
1/16	.063	1.588	.0625	1/16	1.588
1/8	.125	3.175	.125	1/8	3.175
3/16	.188	4.763	.1875	3/16	4.762
1/4	.250	6.35	.250	1/4	6.350
5/16	.313	7.938	.3125	5/16	7.938
3/8	.375	9.525	.375	3/8	9.525
7/16	.438	11.113	.4375	7/16	11.112
1/2	.500	12.7	0.5	1/2	12.7
9/16	.563	14.288	.5625	9/16	14.386
5/8	.625	15.875	.625	5/8	15.875
11/16	.688	17.463	.6875	11/16	17.462
3/4	.750	19.05	.750	3/4	19.050
13/16	.813	20.638	.8125	13/16	20.638
7/8	.875	22.225	.875	7/8	22.225
15/16	.938	23.813	.9375	15/16	23.812
1	1.0	25.4	1.0	1	25.4

強化鋼製ボルトの最小引張強さ

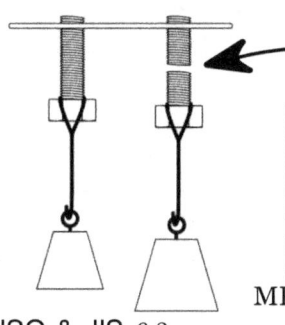

引張強度 – 素材が破断されずに耐えることができ最大引張り

メトリック (ISO &JIS)		インペリアル (SAE)	
6.8 (マークなし)	400 MPa	SAE 2	60,000 psi
8.8	827 MPa	SAE 5	120,000 psi
10.9	1,034 MPa	SAE 8	150,000 psi

MPa = メガパスカル   psi = 1平方インチあたりのポンド

度量衡

ISO & JIS 6.8 & SAE グレード 2 (マークなし)

 ISO & JIS 8.8 (マークなし)

 ISO & JIS 10.9 (マークなし)

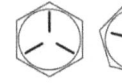 SAE 5 (3本線マーク)

 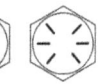 SAE 8 (6本線マーク)

並目ねじ
メトリック: 1.5
UNC: 16山/インチ

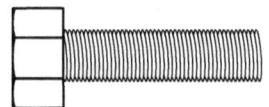

細目ねじ
メトリック: 1.25
UNF: 24山/インチ

メモ

メモ

メモ

メモ

索引

M

Marine Diesel Basics 1　iii
　　ブックレビュー　iii
Marine Diesel Basics 2　208

エ

エンジントランスファー/リフトポンプとインジェクションポンプ　12
エンジンの潤滑　14
　　API/SAE「ドーナツ」　13
　　SAE30 または「ストレート 30」　13
　　エンジンオイルディップスティック診断　39
　　エンジンオイルの添加剤　13
　　エンジンコントロールケーブル　14
　　ギアボックス/トランスミッション液ディップスティック診断　40
　　オイルフィルター中央穴を覆う　14
エンジンマウント　9
エンジンメンテナンス項目　26
エンジンルーム点検　30
エンジン冷却　15
　　インペラー　15
　　ゴム製インペラーの点検　43
　　サイフォンブレーク　15
　　原水　15
　　原水ポンプの点検　43
　　熱交換器　15
エンジン冷却水 / 不凍液
　　クーラント液/不凍液の点検　44
　　クーラント液容量　15
　　　　比重計によるクーラント液/不凍液のテスト　186
エンジン動作温度　195
エンジン構成部品　26

キ

ギヤボックス/トランスミッション　20
　　フレキシブルカップリング　20
　　ドライブプレート/ダンパープレート　20
　　吊り下がりディップスティック　41
　　航行中のギア位置　20

サ

サイクロン – インド洋　195
サイフォンブレーク　31

シ

シーコック
　　シーコック – 開閉状況をチェック　34
　　すべてのシーコック – エンジン冷却
　　キッチンなどの設置場所　9
　　各シーコック用の木製プラグ　14
ジェネレーター　25

ス

スターングランド　21
　　伝統的な青銅製スタッフィングボックス　21
　　ドリップレスフェイス軸封装置　21
　　ドリップレスリップ軸封装置　21
　　従来のスタッフィングボックスのゴムホースの点検　50

セ

セイルドライブ　24
　　メンテナンス作業とスケジュール　35
　　セイルドライブ - 内部ゴム製シールリングとウオーターセンサーアラームの点検　53
　　船外機など　25
　　船舶情報　8
　　水密シール　61

ソ

その他の装備品　28

テ

ディーゼルシステム
　　制動馬力 (bhp)　192
　　軸馬力（shp）　192
　　最小のディーゼルエンジン　192
　　最大のディーゼルエンジン　192
ディーゼルシステムインベントリー　9
ディーゼル燃料タンク　11
　　デッキ燃料フィルフィッティングの点検　38
ディーゼル燃料フィルター　12
　　一次燃料フィルタ　12
　　一次燃料フィルターの5つのデザイン　12
　　二次燃料フィルター　12
　　燃料タンクの汚れ　33

ト

ドライブトレイン

カットラスベアリング 21
ゴム製カットラスベアリングの点検 51
シャフトカップリングの点検 48
シャフトストラットの点検 52
ドリップレスシャフトシールの点検 50
ドリップレスフェイスシール 21
ドリップレスリップシール 21
フレキシブルカップリング 20
エンジンメンテナンス項目 23
プロペラシャフト 21

フ

フィルター漏斗 vii
フューエルバルブ
 燃料バルブの位置を特定する 11
ブリージング – 空気取入口と排気 16
 アフタークーラー/インタークーラー 16
 ウォーターリフトマフラー 16
 ターボチャージャー 16
 排気ライザー 16
 機械式ブロワ吸込 16
プロペラ 22
 フォールディングプロペラ - 開閉型 23
 フォルディングプロペラの点検 154
 プロペラと篏合するプロペラシャフトテーパ 22
 プロペラの点検 52
 3方式のプロペラ 23
プロペラシャフトの点検 49

ヘ

ベルトとプーリー
 プーリーの点検 47
 ベルトの張りの点検 46, 49
 ベルトの点検 45

ホ

ホースとホースクランプ
 ホースとホースクランプの点検 41
 古いホースを利用したチェイフプロテクション（擦れ防止） 44
強化鋼製ボルトの最小引張強さ 201

マ

マニュアル 27

ミ

ミクロンサイズ：小さいとはどのくらい小さいか? 9

メ

メンテナンス ログブック
 メンテナンスログブックを備えることの価値 vii
メンテナンスメモ 36
メンテナンス作業とスケジュール 35

ロ

ログブックへの記入 54

ハ

配線とターミナルの点検 42

デ

電気系 – アノード 19
 アノードの取付総数 19
 アノードの種類 19
 エンジン防食アノード 19
 プロペラアノード 19
 防食アノードの点検 44
電気系 - バッテリー（蓄電池） 17
 アンペア時 (AH) 189
 オープン型湿式バッテリーの電解液のレベルをチャックする 154
 コールドクランキングアンペア (CCA) 189
 マリンクランキングアンペア (MCA) 189
 リザーブキャパシティ (RC) 189
 リチウム 17
 太陽光パネル 17
 負荷テスタ 34
 風力発電機 17
電気系－オルタネータ（交流発電機） 18
電気関連－ゲオルク オームの法則 189
電気関連－ジェームズ・ワットの法則 189

索引

Marine Diesel Basics シリーズ

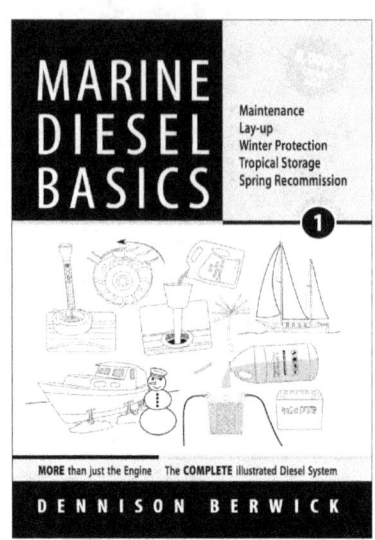

Marine Diesel Basics 1

- メンテナンス
- レイアップ
- 冬期保護
- トロピカル・ストレージ
- 春期リコミッション

- 350 以上の明瞭な図面
- 212 頁
- 第 2 版
- ペーパーバック、ハードカバー、
- 電子書籍、スパイラル製本
- **8,000 冊以上販売**

……このテーマに関して私が今まで見てきた中で最高のガイド、この本はディーゼル装備のすべてのボートに備えるべきです。」
— *Sail Magazine*

「イラストがはっきりしているので、ディーゼルエンジンを始めたばかりの人には必須の資料です…強くお勧めします。」
— *Good Old Boat*

「最高のガイドです。」 — *Australian Sailing*

現在、英語版のみ、英和専門用語集付きです。

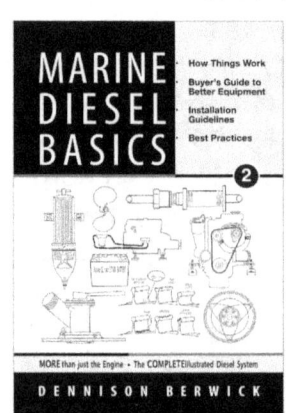

Marine Diesel Basics 2

- 作動原理
- より良い装備品のための購入者向けのガイド
- 設置ガイドライン
- ベストプラクティス
- 2000 以上の図面 ・500 頁

近刊

www.marinedieselbasics.com
- 2500 以上の無料マニュアル
- 無料のチェックリスト
- 無料の主要言語単語リスト

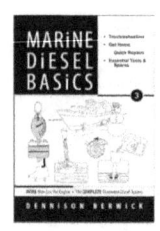

Marine Diesel Basics 3
- トラブルシューティング
- 家に帰って - クイック修理

Marine Diesel Basics 4
- 高度なメンテナンス
- ツールとテクニック

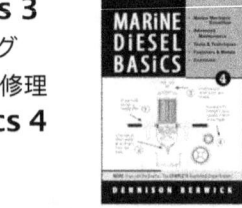

MDBブックショップ

www.ingramcontent.com/pod-product-compliance
Lightning Source LLC
LaVergne TN
LVHW060137080526
838202LV00049B/4012